LA FEMME

ET LES MOEURS

POISSY. — TYP. ARBIEU, LEJAY ET CIE.

LA FEMME

ET

LES MOEURS

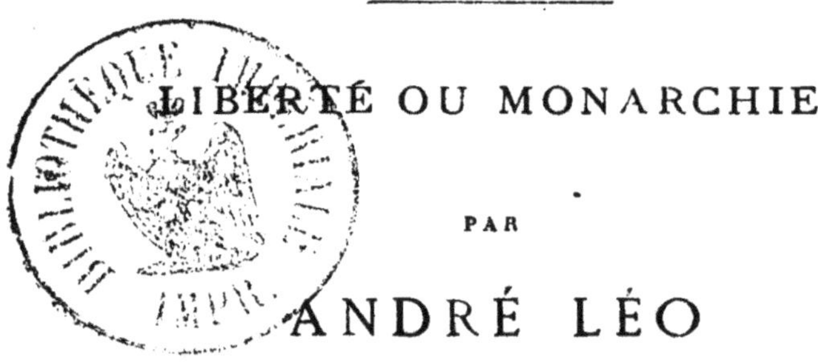

LIBERTÉ OU MONARCHIE

PAR

ANDRÉ LÉO

SE VEND

AU JOURNAL *LE DROIT DES FEMMES*

4 BIS, RUE PARADIS-POISSONNIÈRE

ET CHEZ LES PRINCIPAUX LIBRAIRES

LA
FEMME ET LES MŒURS

LIBERTÉ OU MONARCHIE

I

Elle est presque d'hier cette question rejetée d'abord comme chimérique, puis combattue par le ridicule, et qui cependant, aujourd'hui, malgré tant de préjugés et de sarcasmes, s'agite dans les deux mondes, et chaque jour grandit.

Elle est née de la Révolution française.

qui créa ou renouvela toutes les questions par le principe nouveau qu'elle a proclamé et où l'égalité de la femme, comme toutes les autres, est contenue.

Mais l'humanité saisit rarement d'un coup le sens de ses propres découvertes. Dans cet élan passionné qui fit tomber tant de chaînes, qui reconnut l'homme dans l'esclave et fit du serf un citoyen, la femme, qui le partagea, fut oubliée ; on n'y songea pas. Une seule intelligence, aussi haute que pure, supérieure à son époque, et insuffisamment appréciée encore de la nôtre, ne commit point cet oubli, et le signala vainement. Condorcet écrivit :

« L'habitude peut familiariser les hommes avec la violation de leurs droits naturels au point que parmi ceux qui les ont perdus, personne ne songe à les réclamer, ne croie avoir éprouvé une injustice. »

» Il est même quelques-unes de ces viola-
tions qui ont échappé aux philosophes et aux
législateurs, lorsqu'ils s'occupaient avec le
plus de zèle d'établir les droits communs des
individus de l'espèce humaine, et d'en faire
le fondement unique des institutions politiques. »

» Par exemple, tous n'ont-ils pas violé le
principe de l'égalité des droits en privant
tranquillement la moitié du genre humain
de celui de concourir à la formation des
lois, en excluant les femmes du droit de
cité ? »

..... » Pour que cette exclusion ne fût pas
un acte de tyrannie, il faudrait : ou prouver
que les droits naturels des femmes ne sont pas
absolument les mêmes que ceux des hommes,
ou montrer qu'elles ne sont pas capables de les
exercer. »

» Or les droits des hommes résultent uniquement de ce qu'ils sont des êtres sensibles, susceptibles d'acquérir des idées morales et de raisonner sur ces idées. Ainsi, les femmes ayant les mêmes qualités, ont nécessairement des droits égaux. Ou aucun individu de l'espèce humaine n'a de véritables droits, ou tous ont les mêmes, et celui qui vote contre le droit d'un autre, quels que soient sa religion, sa couleur, ou son sexe, a dès lors abjuré les siens... »

Condorcet n'eut sur ce point ni disciples ni adversaires. Cela parut pure philosophie; et les révolutionnaires d'alors, s'ils procédaient des philosophes, l'étaient eux-mêmes assez peu. Jamais cependant les femmes ne se mêlèrent plus activement à une révolution. Depuis l'un de ses grands épisodes, le voyage de Versailles, qu'elles firent à elles seules, on les voit dans tous les événements, sur tous les théâtres : fêtes, émeutes, prisons, échafauds. Mais, rejetées par la Révolution, elles en perdirent le sens, comme d'ailleurs, la plupart des révolutionnaires eux-mêmes, et bientôt travaillèrent à l'étouffer. Elles l'avaient faite par haine du despotisme ; elles la défirent par le même motif, à la fin saisies de pitié pour les vaincus et fatiguées de décrets et de proscriptions. On avait, au nom du genre humain, tant violé l'humanité ; au nom de la liberté, on avait poussé si loin la tyrannie, qu'on avait perdu l'élan initial et le sens du but. Les femmes retournèrent au passé par découragement de l'état nouveau. Le catholicisme, qui sait leur puissance, mit tout en œuvre pour les séduire : il renouvela son *génie*, se fit romantique, s'entoura de poésie et d'encens et ses pénitentes durent ab-

1.

jurer entre ses mains ce libre arbitre qui les avait égarées, et renoncer, non aux pompes de Satan, mais à celles de l'esprit, bien plus dangereuses aux yeux de l'Église.

Malgré tout, l'esprit retrouva sa route. En dépit de l'Église et du préjugé, les femmes revinrent à la littérature et à la philosophie. Tout voyage a ses repos; mais de halte en halte on avance. Au décret de leur émancipation, que Saint-Simon promulgua, elles tressaillirent, et plusieurs d'entre elles [1], parmi les plus intelligentes et les plus loyales, se firent les disciples du rénovateur.

— Quelque distinction qu'on s'efforce de faire, l'histoire des femmes est celle de l'hu-

1. Il faut distinguer entre les deux époques du Saint-Simonisme. Je parle ici de la première.

manité. Quand leurs sentiments éclatent sur la place publique, c'est que leur émotion est immense; mais leur influence, en temps ordinaire, quoique difficile à saisir, n'existe pas moins. Toute la question est de savoir si cette influence doit être instinctive ou cultivée; si elle doit s'exercer par des voies droites, ou par des voies tortueuses, en plein soleil, ou dans l'ombre —

1830 fut un réveil. Partout, dans la littérature, dans le socialisme, dans les complots, dans les insurrections même, la femme déborde.

— On combattit cet élan par la raillerie. C'était bien toujours l'éternelle opposition de ce qui est contre ce qui veut être, de ceux qui possèdent contre ceux qui veulent avoir; l'émancipé d'hier, devenu maitre, défendait leur règne. Mais ici, la guerre civile était impossible de fait ; elle n'en fut que plus âpre dans l'esprit.

Ce fut alors qu'on appela bas-bleus les femmes écrivains, appellation bizarre qui contient pourtant un sens vrai : c'est que la femme s'éloigne d'autant plus de la coquetterie qu'elle cultive davantage son intelligence. Ainsi, la société d'alors, faite de compromis, superficielle et roturièrement aristocratique, raillant tout, parce qu'elle ne croyait à rien, vivant au jour le jour, sans lien avec le passé comme sans souci pour l'avenir, brillante, mais sans profondeur, flètrissait chez la femme les tendances sérieuses et encourageait chez elle la frivolité comme une vertu. Ces railleries eurent une grande influence sur le peu de développement de l'éducation des filles, que la royauté constitutionnelle négligea entièrement. Elles ont fait de beaucoup d'hommes des Chrysale, et ont resserré sur les yeux des femmes le bandeau du catholicisme et du préjugé.

Aujourd'hui plus que jamais, cette profonde et magnifique doctrine que la femme doit être nécessairement ignorante et frivole, s'épanouit en deux grands résultats : par les femmes honnêtes, gardiens convaincus du pot-au-feu, le progrès est enrayé dans le monde, et tout mouvement généreux éteint ; par la femme de luxe et la courtisane, l'honnêteté privée elle-même est entreprise... et vaincue. Il faut de l'or à tout prix. Les scandales qui grossissent et se multiplient, épuisent la source de l'indignation publique. Ce que l'affaissement des mœurs peut produire... on l'a su ; on le sait. Reste à savoir si l'on comprendra ce qui à l'époque où nous sommes peut les relever.

En dépit de la Révolution, on avait cru

jusqu'en 1830, que la politique était en elle-
même une science, à part des sciences morales.
Cette question de la femme et de la famille,
parce qu'elle est la plus profonde, vient nécessairement en dernier lieu. Cependant, le socialisme, aussi vrai dans son principe de revendication qu'il peut être contestable dans ses
diverses théories, s'empara, aux deux extrémités du monde de l'esprit, des penseurs
et des misérables; et tout à coup le roman
et l'utopie devinrent l'expression la plus
accusée du mouvement intellectuel; les ro-
manciers furent les historiens de cette société trouble, mal à l'aise dans sa forme
ancienne. Ils en exposèrent les plaies, et
furent mieux compris que les philosophes;
parce qu'au lieu de spéculations, ils montraient
des faits: la femme trompée, l'enfant sacrifié,
la misère, en bas, poussant au vol, au meurtre,

et à la débauche ; la soif des richesses, en haut, poussant au vol, au meurtre et à la débauche, également. Aux grands cris des conservateurs, on attaqua la famille et la propriété, non pour les détruire, comme ils prétendent, parce que la forme est tout à leurs yeux ; mais comme on avait précédemment attaqué l'État, pour le transformer. Georges Sand, Balzac, Eugène Sue, firent leur œuvre — à côté de Saint-Simon, de Cabet, de Fourier. Partout, les vices du mariage étaient dénoncés en même temps que ceux du prolétariat. On reprenait ainsi l'œuvre de la Révolution où elle s'était arrêtée, où elle avait dû s'arrêter, la politique seule ne pouvant aller plus loin.

Les socialistes seuls avant 48 avaient posé la question du *droit* de la femme. Il y eut en 48 un mouvement féminin ; mais peu sensible ;

un club dont on se moqua, bien qu'il ne fût pas plus ridicule, probablement, que les autres. Les socialistes eux-mêmes étaient si peu préparés à l'invasion de la femme dans le domaine politique, que la candidature de Jeanne Deroin ne trouva dans son propre parti que de rares champions; que Pierre Leroux, maire de Boussac, accueillit presque aussi peu favorablement que l'eût fait un autre maire, la protestation de Pauline Roland réclamant l'inscription de son nom sur la liste des électeurs.

Puis, le coup d'État fit le silence sur toutes les questions vitales.

En 1853 cependant, parut l'*histoire morale des femmes*, de Legouvé. C'était un cri généreux d'indignation contre les excès produits par la brutalité des lois et des mœurs. Il en appelait à la pitié bien plus qu'au droit; mais alors, cette modération dût servir la cause, si peu comprise encore.

En 1858, sur l'initiative d'un ancien Saint-Simonien, M. Arlès Dufour, esprit toujours ouvert aux idées généreuses, l'Académie de Lyon mit à l'étude « les moyens d'élever le salaire des femmes à l'égal de celui des hommes, lorsqu'il y a égalité de salaire ou de travail, et d'ouvrir aux femmes de nouvelles carrières. »

C'était attaquer la question par le côté économique, si important. Car la revendication pour la femme de la liberté et de l'égalité se complique d'une question matérielle immense. Le salaire de la femme suit sa condition ; il est avili comme elle l'est elle-même. Rejetée de la plupart des métiers, écartée de presque toutes les carrières, partout écrasée, obligée pour vivre de recourir à d'autres moyens que le travail, la femme tombe et la société descend avec elle.

Il sortit de ce concours un mémoire remarquable par l'étude des faits et le sentiment du droit, et publié depuis sous ce titre : *La Femme pauvre au* XIXe *siècle.*

Il était écrit par une jeune personne pauvre et studieuse : mademoiselle Daubié. Elle ne se contenta pas de réclamer ; elle voulut aussi prouver, et deux ans plus tard, la Faculté des lettres de Lyon lui décernait le diplôme de bachelier ès-lettres.

D'autres suivirent cet exemple : mademoiselle Emma Chenu entr'autres, qui a reçu les grades de bachelier et de licencié ès-sciences. De tels faits, sans être communs, sont maintenant assez fréquents, et deux Françaises, une Russe et une Américaine suivent les cours de l'école de médecine de Paris — non sans avoir vaincu à force de courage bien des obstacles, bien des dégoûts.

La lice s'ouvrit en 1867 par le livre de *la Justice dans la Révolution*, où Proudhon insultait grossièrement la femme, et par l'*Amour et la femme*, où Michelet, plus doucereusement, ne l'insultait guère moins.

Ces livres, et d'autres qui les répétèrent, écrits par des publicistes fantasques, ou par des poëtes trop tendres, n'étaient que des pamphlets brutaux, ou des fantaisies érotiques. Ils confessèrent l'homme bien plus qu'ils ne dévoilèrent la femme. Deux réponses entr'autres, fort énergiques, leur furent adressées, l'une intitulée : *Idées anti-proudhonniennes*, signée Juliette Lambert ; l'autre : *La Femme affranchie*, par madame J. d'Héricourt, œuvre de haute polémique, où le bon sens, la logique et la raison s'expriment avec une verve pleine d'ironie. Ces deux ouvrages, qui avaient **beau jeu** contre les contradictions proudhonniennes, affaiblirent fortement déjà, dans le monde **des** penseurs, le prestige de l'athlète franc-comtois; mais furent peu lus du public vulgaire. Le beau livre de madame d'Héricourt, tout **en** réfutant principalement Proudhon, frappait aussi d'estoc et de taille sur Michelet, **Auguste** Comte et autres détracteurs de la femme. **Mais** trop sérieux et trop élevé pour avoir un **succès** de curiosité et de scandale, il n'arrêta **pas** l'effet populaire de ces doctrines signées **de** noms connus.

En France, où l'on éprouve le besoin **de** briller dans la conversation sur tous les **sujets,** et où l'on n'a pas plus de temps qu'ailleurs pour approfondir toutes choses, où l'esprit **est** prompt comme la parole, l'opinion est d'**une** impressionnabilité extrême; elle a, **comme**

l'atmosphère, des courants impétueux et chan-
geants. La femme devint pour beaucoup une
malade ; pour tous en général, une inférieure.
Il n'y avait d'ailleurs qu'à se laisser aller sur
ce point à la tradition.

On a voulu attribuer à l'influence de Michelet un adoucissement marqué des mœurs du
mariage. Cela est douteux ; parce qu'on n'a
d'égards vrais et constants que vis-à-vis de
ceux qu'on respecte, et qu'il n'est d'ailleurs de
vraie barrière contre l'égoïsme du pouvoir,
que le droit acquis, réalisé, debout dans sa
force. De telles influences, arbitraires et
superficielles, ne peuvent produire que des
effets analogues [1].

1. Il y en eut de plaisants : Une jeune femme riche
épouse un homme sensible aux idées modernes et cou-
rantes. Il congédia la femme de chambre immédiatement.

2.

En somme, la femme n'a gagné à la Révolution, jusqu'ici, que la loi sur les héritages et une protection insuffisante contre des sévices publics. Est-elle plus respectée qu'auparavant? Non. Depuis quelques années on sent, de par la force des choses, qu'il faut compter avec elle. Son droit, dont s'irrite le pouvoir de l'homme, est en question ; l'inquiétude et la défiance éveillées mettent de côté l'ancienne

Ne fallait-il pas, suivant les leçons du maître, écarter tout profane et posséder à soi seul la chère sensitive? La jeune femme obligée de faire son appartement, se plaignait toutefois que ces suprêmes délicatesses lui imposâssent des fatigues, dont elle n'avait pas l'habitude. — Au moins votre mari vous aide? lui dit-on. — Pas du tout. — Elle avait même de plus le soin des habits de ce mari, qui trouvait assurément, pour imposer ce surcroît de besogne, des motifs empreints du sentiment le plus exquis. Le faux ne peut produire que l'injuste.

courtoisie, et, sans vouloir la traiter en égale, déjà on la traite en adversaire.

« Le droit des femmes ! s'écrie-t-on. Encore cette ridicule thèse ! » Et selon le degré de réflexion de celui qui parle, il s'en tire, soit par un haussement d'épaules, soit par quelques paroles profondes sur la somme exacte de liberté et d'avantages qu'on peut accorder aux femmes, en rapport avec leurs devoirs et les besoins de la société. Quant au droit commun, ceux qui s'y rattachent, on les compte. Pour tout dire, la chose est mal vue, et *portée* plus mal encore. On n'en saurait parler, même les plus bienveillants, qu'avec une sorte de pudeur, et un demi-sourire.

Peut-être cependant le rire — qui réussit autrefois si bien — n'y fera désormais grand chose. Tout s'use, la raillerie surtout ; mais jusqu'à ce qu'elles soient résolues, les questions restent. Les superficiels ont beau dédaigner, les gens d'esprit ont beau lancer des traits malicieux ou grossiers (la passion quelquefois emporte). le vulgaire a beau suivre ses chefs de file ; la littérature a beau mettre la situation en musique et prouver à force de points d'orgue, de vocalises et de fantaisies que la femme est une houri, une péri, une fée, un ange, auquel tout ce qui est terrestre doit — sauf quelques points — rester étranger, il y a la force des choses qui, malgré tout, agit, nous oblige en ces temps à de terribles inventaires, et nous révèle une situation qui n'est ni superficielle, ni spirituelle, ni gracieuse, mais, si l'on veut en effet, ridicule... amèrement.

On l'a prouvé depuis longtemps par des chiffres : le salaire de la femme est insuffisant. Pour l'ouvrière des villes, il est en moyenne de 1 franc 20 centimes par jour. Mais les moyennes sont chose abstraite, et, pour compter plus humainement avec la faim, il faudrait retirer de ce chiffre l'influence de quelques gains élevés, tout exceptionnels, et réservés à un très-petit nombre. Si donc la majorité des ouvrières gagne à peu près 1 franc 20 centimes, c'est aux dépens d'une minorité qui gagne encore moins, et dont le salaire s'abaisse parfois jusqu'au chiffre dérisoire de 60 centimes. Il est inutile de démontrer que, soit dans nos villes, soit dans nos campagnes, mais dans les villes surtout, l'existence à ce prix est impossible.

Comment vivent-elles donc? La réponse, tout le monde la fait; elle est devenue banale: par l'inconduite, par la prostitution; quelques-unes s'en tirent par le suicide. Les partisans des bons principes objecteront : et le mariage?

Il y aurait beaucoup à dire, au point de vue moral, sur le mariage imposé comme expédient économique; mais, pour ne parler en ce moment que du fait, il est reconnu que de moins en moins, l'homme, l'ouvrier surtout, se marie. La femme et les enfants sont une charge, une obligation, et l'on préfère, sous l'égide d'une loi complaisante, exploiter la femme et perdre l'enfant. On l'a dit, on l'a répété, on le crie : les mœurs sont en décadence. Le concubinage dans les villes est devenu la règle, le mariage l'exception. On en demeurera convaincu si l'on réfléchit que le concubinage se renouvelle un nombre de fois indéterminé, tandis que le mariage ne compte généralement que pour une fois dans la vie.

Il a été question souvent de la lutte entre l'honneur et la faim imposée à l'ouvrière. Cette lutte existe sans doute, hélas ; mais dans la plupart des villes manufacturières, elle est prévenue par l'excès de la corruption.

« Dans nos différentes villes manufacturières, on voit des petites filles de douze ans s'offrir chaque soir dans la rue, et la ville de Reims compte plus de cent enfants de cet âge, qui n'ont pas de moyens de subsistance en dehors de la prostitution. » (Villermé, cité par mademoiselle Daubié).

La dégénérescence physique, naturellement, suit la dégénérescence morale ; (il faut le dire pour ceux qui tiendront compte surtout de celle-là), l'une et l'autre s'engendrent et se perpétuent. La population s'abaisse et s'abâtardit. Nous sommes en route pour Lilliput. Et comment n'en serait-il pas ainsi ? la femme trompée, c'est l'enfant abandonné ; la débauche, c'est la vie gangrenée dans son germe.

Les infanticides comptent pour un chiffre

élevé dans la statistique judiciaire des dix der-
nières années. Mais il n'y a que des maladroi-
tes, à leur coup d'essai, qui arrivent à ce sujet
sur les bancs des cours d'assises ; une industrie
sociale, qui prend un développement de plus en
plus considérable, celle des avortements, orga-
nise plus décemmen t les choses — car toute
situation sérieusement accusée crée des institutions en rapport avec ses besoins.

Malgré tout, la France nourrit annuellement
environ 50,000 enfants-trouvés, dont elle en-
terre, il est vrai, les trois quarts avant douze
ans ; le reste est appelé, comme on sait, à peu-
pler les prisons, les bagnes et à figurer sur
l'échafaud.

« Les huit dixièmes des mineurs qui se per-
mettent d'occuper les moments de nos tribu-
naux, appartiennent à la tribu (des enfants
naturels). Elle fournit à la prostitution un bon

quart de ses recrues. L'armée des voleurs, escrocs, bandits de toute sorte, qui campe au milieu de nous, lui doit la plupart de ses soldats ; et il faut ajouter ses soldats d'élite. » (Paul Lacombe. Le *Mariage libre*).

D'où vient cette démoralisation ? On la cherche dans les causes politiques, mais les causes politiques ne sont que des effets. Qui les produit ? qui produit l'abaissement des esprits ? L'indifférence pour le bien, l'insouciance du mal, cette lâche mollesse qui s'endort dans la jouissance, l'énervement où l'âme n'a que des impressions fugitives, des idées, plus de sentiments, partant plus d'action ? Qui donc a éteint l'enthousiasme et substitué dans l'œil de la jeunesse, à la flamme riante des grands espoirs, l'atonie de l'ivresse, ou le visqueux éclat des honteux désirs ?

C'est la débauche. Mais la débauche d'où

vient-elle? en quoi se différencie-t-elle de l'amour?

En ce qu'elle s'applique uniquement aux sens, tandis que l'amour saisit à la fois, pour les exalter, toutes les facultés de l'être. Dans l'amour, l'être aimé devient l'idéal même ; dans la débauche, l'être n'est qu'un objet.

Cela étant, qu'a-t-on fait de la femme?

Par la dépendance matérielle où elle est tenue, écartée de presque toutes les fonctions sociales autres que serviles, et réduite à un salaire insuffisant, on la force, ou de se vendre dans le mariage en échange d'une protection souvent illusoire, ou de se louer dans des unions temporaires : — On en a fait un objet.

Par la servitude morale qu'on lui impose en la déclarant faite pour l'homme, et non pour elle-même, née pour le dévouement, annexe, accessoire, de l'être principal, en lui ordonnant la soumission, en la privant par conséquent d'initiative et de responsabilité, on l'a frappée d'incapacité morale — on en a fait un objet.

En abaissant pour elle, systématiquement, le niveau de l'instruction, en lui interdisant, et par l'empire du préjugé, et par le refus des moyens, les hautes études, on l'a contrainte de rester, en général, intellectuellement inférieure — de descendre du rôle de sujet à celui d'objet.

En somme, tandis qu'on a fait à l'homme un étrange point d'honneur de l'exaltation de ses facultés brutales, on a, du côté de la femme, abattu tous les obstacles, énervé toutes les forces qui pouvaient réagir contre cette brutalité.

Celle qui plus particulièrement est gardienne des mœurs, on a voulu qu'elle ne s'appartînt pas à elle-même. On lui a donné pour dogme la soumission et l'impersonnalité ; on a sanctionné ce dogme par toutes les lois civiles, politiques, économiques — et puis l'on s'étonne de l'abaissement des mœurs!

La soumission! il y a des applications de mots qui sont des syllogismes inconscients: *Fille soumise!*... En effet, c'est le dernier mot du système. D'abdications en abdications, de chute en chute, il aboutit là.

Il n'est pas nouveau, ce système. Mais à l'heure où nous sommes, il arrive à produire ses plus violents effets, par suite de l'alliance bâtarde du vieil ordre de choses et du nouveau. La femme se trouve tout à la fois responsable et irresponsable; en dehors de la loi commune quant au droit, elle y rentre quant au devoir. Déclarée faible et subordonnée, et comme telle exclue de la participation des avantages sociaux, cependant, elle n'en reste pas moins chargée d'elle-même, sans aucune protection réelle. Une nouvelle force sociale, l'industrie, l'accepte, seulement pour la broyer ; les lois civiles et économiques la condamnent à la misère ; et la misère l'oblige à la honte.

« La misère des prostituées est telle que dans un dépouillement de liste des filles inscrites à Paris, parmi plus de 6,000 prostituées, on n'en trouva que deux qui eussent pu vivre de leur travail ou de leurs revenus... l'une d'elles lutta trois jours contre les tortures de la faim avant de se faire inscrire.. Des ouvrières, des servantes sans ressources et sans asile sont obligées d'errer dans les rues de nos villes, où la police les ramasse ; cette police est faite par des sergents, anciens soldats pour la plupart, qui ont déjà traîné des filles vierges au *Bureau des mœurs* sous l'inculpation d'avoir provoqué à la débauche sans autorisation et sans patente... ces erreurs cruelles se renouvellent tous les jours pour la fille du peuple sans que son cri de protestation soit entendu... Sur 4,000 filles inscrites natives de Paris, on en trouvait, il y a quelques années, à peine 100 en état de signer leur nom... les filles naturelles forment le quart de l'effectif des maisons de tolérance, complété en partie par les victimes de la séduction, » (Mlle Daubié *la Femme pauvre au* xix *siècle*).

« La prostitution légale ne nous donne donc qu'une faible idée des progrès de la démoralisation dans notre siècle ; car le nombre des jeunes filles vouées à la prostitution clandestine est triple à Paris de celui des filles inscrites ; on y trouve les premières dans une foule de cafés, de théâtres, de guinguettes, de tavernes et de garnis. » (id.)

Si le nombre des prostituées est considérable, le nombre des prostitués l'est bien plus. Ceux-ci, n'étant soumis à aucune règle de voirie, infectent tranquillement nos rues de leur corruption, sont un danger permanent pour la sécurité publique, propagent la débauche, et souillent jusqu'aux imaginations honnêtes, obligées de tenir compte de leur existence, et d'appréhender leur rencontre.

Mais l'homme sur ce point est irresponsable. Par une étrange anomalie, il est irresponsable, lui, déclaré majeur ; elle est responsable, elle, déclarée mineure. Agent d'immoralité, reconnu par l'opinion, il promène impunément ses excitations, affiche ses exemples. Il peut séduire sans crainte des jeunes filles, des enfants de 16 et de 14 ans [1]. Il est entièrement

1 L'année dernière, ce procès a été jugé à Paris : Une mère accusait le séducteur de sa fille *âgée de 14 ans*, de

libre de transformer le lien le plus fort et le plus sacré de la nature, en un crime et une abjection. Si la fille qu'il a abandonnée, poussée par la honte, ou par la misère, se défait de l'enfant qu'il a créé, il figurera dans le procès comme témoin à charge, et sortira de là sain et sauf pour aller joindre sa voix, en quelque autre occasion moins scabreuse, au verdict de l'opinion, contre des malheureuses si dignes de mépris. Cependant, on ne manquerait pas d'arguments pour soutenir que la suppression de l'enfant est moins cruelle que son abandon. On sait l'effrayante mortalité qui sévit sur ces malheureuses petites créatures; quels mépris, quels durs traitements étiolent et dépravent ceux qui résistent à l'effet des mauvais soins

l'avoir entraînée dans un hôtel meublé, où ils avaient passé la nuit. L'homme fut acquitté, parce que la jeune fille l'avait suivi de bonne volonté.

dans le premier âge ! Et qu'ils sont destinés d'avance à être les recrues du crime et de la débauche !

Cependant leur nombre augmente chaque jour. Il en naît annuellement à Paris de 16 à 17 milliers.

« L'augmentation presque continue du nombre des enfants naturels est un fait admis par tous les statisticiens.[1] »

Heureusement, nous avons pris l'habitude, noble et désintéressée, de laisser aller à leur gré les choses sociales et de nous mêler surtout de nos affaires personnelles ; ces choses-là ne nous empêchent point de dormir. On est idéaliste, ou on ne l'est pas. Il est beau de vivre les pieds dans la boue, les yeux aux nuages. — Parfois, cependant, quand

[1] Emile Acollas. L'enfant né hors mariage.

on nous vole, ou quand on nous assassine (la débauche et la cruauté, selon les phrénologistes, sont unies par des liens étroits) ; quand on nous fait banqueroute ; quand notre fille épouse un mauvais sujet ; quand notre fils se perd d'âme, de corps et de biens ; quand l'énervement social se traduit à la face du monde en platitudes incommensurables ; quand l'hypocrisie, arrivée à la limite qui la sépare du cynisme, nous rit au nez ; quand, çà et là sous la main du juge, s'ouvre quelque soupirail, d'où sortent des vapeurs méphitiques et suffocantes ; quand le crime nous côtoie, nous frôle, éclate ici, là, en bas, en haut, de toutes parts ; quand les faits enfin, de plus en plus, deviennent d'une inqualifiable insolence, alors nous trouvons pourtant que cela va mal et l'inquiétude nous saisit.

Autrefois, on forçait les pauvres de se bien

conduire ; les fils de famille seuls avaient le privilége de l'orgie. Mais voilà que l'égalité des mauvaises mœurs devient révoltante. L'homme du peuple exploite la femme, comme ont fait les nobles, comme font les bourgeois. Il naît tous les ans 75,000 citoyens sans état civil, et la chose tend à s'accroître. La multitude n'y va pas de main morte : elle débute dans son règne par des mœurs de prince. La famille n'est plus, ou peu s'en faut ; la propriété, légitime ou non, est menacée. Autrefois, on riait de toutes ces choses, et les gens d'esprit en faisaient des plaisanteries pleines de grâce, qui désopilaient notre humanité facile et gaie. Mais du moment où tout le monde s'en mêle, il n'y a vraiment plus moyen.

Il y a aussi la question du luxe. La femme, *née pour plaire*, a pris cette destinée si fort au sérieux que le budget de la toilette est devenu dans chaque ménage, au point de vue du découvert et de l'emprunt, semblable à celui d'un gouvernement ; et, de même, c'est l'honneur et la conscience qui paient les frais du système, sans préjudice de la ruine finale. Eh mon Dieu, il faut bien vivre ! Seulement, tandis qu'ici, vivre c'est avoir un morceau de pain, là, il s'agit de turbot, de satin, de dentelles. Des deux côtés, on n'en cède pas moins à la dure nécessité. La plupart des femmes comme il faut ne vendent, il est vrai, que leurs maris ; mais s'ils s'y refusent sottement, ne méritent-ils pas bien qu'on cesse de les chérir et qu'on soit touchée d'un dévouement plus ardent ? Car enfin, vous êtes étrange : vous dites, vous soutenez que la femme est née pour plaire, vous ne lui laissez à faire que cela ; vous lui défendez les choses sérieuses, vous lui ordonnez d'être frivole — elle l'est ;

et maintenant, si ses jolis doigts jouent avec l'honneur, la délicatesse, la foi politique, si de ses petits pieds, chaussés de satin, elle écrase, en dansant, toutes ces choses qu'elle ne comprend pas, de quoi vous plaignez-vous, quand vous n'avez qu'à vous louer de son obéissance ?

Mais, lorsqu'il s'agit de la femme, l'homme ne veut pas être logique et semble ne le pouvoir. De plus en plus, pourtant, les faits le pressent et l'entament. Devenue dans les mœurs un danger social, dans la famille une cause de démoralisation et de ruine, voici l'inexorable question qui se pose encore sur le terrain politique, ou plutôt, qui, posée depuis longtemps, apparaît enfin à tous les yeux.

On vient de s'apercevoir que cela avait quelque importance que les femmes fussent élevées sur les genoux de l'Église, ou dans les

données de la foi moderne. On avait d'abord
pensé que pour elles, comme pour les enfants
et pour le peuple, la religion avait du bon ;
mais il se trouve (par un miracle qu'on n'eût
jamais soupçonné) que l'esclavage de la femme
s'oppose à la liberté de l'homme ; que si le pape
règne encore, c'est de par leur grâce, voire
même l'empereur, et que ces infimes créatures,
qui n'ont pas le droit de vote, influent pourtant
sur les élections. — Oui, la chose est devenue
claire, au point qu'il n'y a plus moyen d'en
douter, si mortifiante et gênante qu'elle soit.
Voici le passé qui défie l'avenir en bataille
rangée ; pour tout ce qui date des conquêtes
révolutionnaires, il s'agit d'être, ou de n'être
pas ; et l'on est bien obligé de reconnaître
qu'avoir la moitié de l'humanité pour ou contre
soi est chose sérieuse. Aussi, nos démocrates,
conservateurs quand même de la monarchie

au foyer, qui n'ont été jusqu'ici vis-à-vis des femmes ni plus polis que l'Église, ni moins despotiques, font-ils des concessions : il est sérieusement question parmi eux de rendre les femmes capables d'élever de petits démocrates pour le salut de la société.

— Bonnes gens, prenez garde! la logique est inflexible. Pour faire des démocrates, il faudra qu'elles en soient elles-mêmes. Il n'y a qu'un pas de l'être émancipé à l'être majeur. Remonter aux Pères de l'Église, représentés, en ce temps de décadence, par Mgr Dupanloup, ou rendre à la femme ses droits d'être humain, il n'y a pas de milieu.

— Ses droits d'être humain! c'est-à-dire l'égalité? Halte-là! s'écrie le bataillon des physiologistes et des psychologues, à qui l'on doit, depuis une dizaine d'années, tant d'observations ingénieuses, menues, délicates et fantastiques sur la femme; et tant de jugements pleins d'une mâle crudité; avec tant de conclusions scientifiques, et autres. Non ! il s'agit seulement de mieux associer la femme à notre action, d'en faire, comme il convient, notre aide et coopérateur en ces choses, mais, sous notre direction, nécessaire, et toujours avec réserve et modération. Car ce n'est pas une question de droit, mais d'utilité. La subordination de la femme est la loi même de nature. La femme n'est pas, ne peut pas être l'égale de l'homme. Elle lui est inférieure physiquement, intellectuellement...

— Et moralement ?

— Ah ! sur ce point, les avis sont divers. Tous les littérateurs sensibles font de la femme le génie du sentiment; certains logiciens — plus conséquents avec eux-mêmes — la représentent au contraire comme une créature injuste, arbitraire, passionnée, dont le sentiment n'est qu'un instinct, humanisé par l'imagination. Il y a là matière à controverse.

— Controversons.

Mais avant tout, résumons le précédent examen : D'où vient la démoralisation sociale?

— De la dépendance matérielle de la femme, autrement dit de l'insuffisance de son salaire, de l'impossibilité où elle se trouve de suffire seule à ses besoins.

D'où viennent la corruption dans l'État, l'assouplissement des consciences aux obligations des gros traitements — et des petits — le besoin général du luxe et ses excès? les préoccupations matérielles dominant et remplaçant toutes les autres? en somme, la liberté et la dignité, perdues quant au présent, menacées dans l'avenir? D'où vient, moins de cent ans après Voltaire, le règne continué de l'obscu-

4.

rantisme ? Et quatre-vingts ans après la déclaration des droits de l'homme, le despotisme réintronisé ? — De cette dépendance morale et intellectuelle de la femme, qui la rend étrangère à l'idée, au droit, à la justice, à l'honneur, et la livre tout entière, aux occupations serviles, ou aux goûts frivoles, surexcités par la vanité.

Exagération ! dites-vous ; alléguant que c'est attribuer à une seule cause trop d'importance ?

Mais quoi ! sur 40 millions d'âmes, ce serait peu de 20 millions ? Trouve-t-on beaucoup de causes plus générales ? Surtout quand il faut reconnaître que l'autre moitié subit nécessairement le contre-coup du système et prend sa bonne part des vices qu'il produit. Si nos maux sont faits d'ignorance et d'énervement, la moitié de la nation, dressée à l'obéissance et à la superstition, explique suffisamment tous les excès impunis du double servage, politique et religieux, que nous subissons.

II

INFÉRIORITÉ

PHYSIQUE DE LA FEMME

INFÉRIORITE PHYSIQUE DE LA FEMME

Comment se pourrait-il faire que la femme fût physiquement inférieure à l'homme ?

Comme homme, soit ; au point de vue de la lutte, sa force physique serait inférieure. Mais elle est femme, et comme telle sa force doit être portée vers d'autres objets, et dépensée d'une autre manière.

On ne peut déclarer un être inférieur, par

le seul fait qu'il diffère d'un autre ; surtout quand cette différence estprécisément la faculté qui le distingue, et qui détermine sa destinée.

Si la femme est inférieure à l'homme en tant que manœuvre, elle est, comme reproducteur principal de l'espèce, le premier ouvrier de l'humanité.

On fait valoir au delà de son importance l'infériorité musculaire de la femme.

En fait, historiquement, la femme fut la première bête de somme.

En fait, actuellement, elle partage avec l'homme la plupart des travaux pénibles.

Parce que la force physique de la femme n'est pas identique à celle de l'homme, il ne s'en suit pas qu'elle ne soit pas égale.

Qu'on ne se récrie pas trop. L'appréciation n'est pas si paradoxale ; elle se base sur des faits.

La gestation, la crise terrible de l'enfante-
ment, la dépense de forces que l'allaitement
exige, les soins, les veilles, l'attention, toujours en éveil, que réclame, pendant ses premières années, le doux fardeau si actif, si re-
muant, si impérieux, qui plie le corps à tant
d'attitudes pénibles, tout cela compose un ensemble de fatigues, qui dépassent de beaucoup
celles du travail le plus dur ; c'est un effort suprême, en vue duquel s'accomplit secrètement
une réserve de forces extérieures. Parmi les
maris, très-rares, qui interviennent dans les
soins de jour ou de nuit donnés à l'enfant, il en
est peu, ce fait est bien connu, qui les puis-
sent partager longtemps. Ceux qui accomplis-
sent journellement un travail musculaire, en
sont tout à fait incapables, et tous à cet égard
se déclarent vaincus par l'énergie persistante
de la mère.

La plupart des médecins, émerveillés de la constance de la femme, au milieu des souffrances les plus vives, mettent son courage fort au-dessus de celui de l'homme.

Or, si l'on supprimait tous les petits cris, toutes les pâmoisons, qu'inspire à une femme bien élevée le sentiment légal et littéraire de sa faiblesse et de sa sensitivité,

Si l'éducation, au lieu de l'étioler par une oisiveté systématique, et de l'alourdir par une gaucherie voulue, s'attachait à développer en elle les grâces et les énergies de la force et de la santé,

On s'apercevrait mieux que la femme possède, contre la douleur, contre la fatigue, pour les travaux et les luttes de la vie — dont, quoi qu'on en dise, les plus rudes épreuves ont été réservées à cette prétendue faiblesse — une force, particulière sans doute, contenue, latente, en rapport avec les aptitudes de l'être auquel elle appartient; mais qui peut en somme, comme valeur absolue, soutenir la comparaison avec la force plus extérieure de l'homme.

Voyez, à l'abri des saules de la fontaine, penchée sur le lavoir, cette femme aux manches retroussées, qui tord son linge, d'une paire de bras rouges et vigoureux, tandis que près de là jouent, ou braillent, plusieurs marmots? Elle va tout à l'heure prendre sur un bras son paquet de linge ruisselant et lourd, et de l'autre son nourrisson, qui ne marche pas encore, pour s'en aller à la maison préparer repas du soir.

De tout le jour, elle ne s'est pas reposée; car sur elle pèse le soin de tout. A peine si l'enfant qu'elle nourrit l'a laissée jouir pendant la nuit de quelques heures de sommeil; et ce-

pendant, levée dès l'aube, elle va, d'un ouvrage à l'autre, haletante, courbée, soignant
presque toujours deux ou trois choses à la fois ;
et le soir, quand l'homme, revenu du travail
du jour, s'assied vis-à-vis du souper fumant,
elle, debout, le sert, se couche la dernière, et
ne recueille pour récompense, de cet incessant
labeur (plus fatigant pour le corps, et pour
l'esprit, qu'un travail plus dur, mais régulier),
que des grossièretés souvent, quelquefois des
coups.

Celle-ci, à coup sûr, n'est point un lierre
gracieux et flexible ; mais, un arbre robuste,
aux rejetons vigoureux. Souvent, après la mort
du mari, ou par son insuffisance, car la vie et
l'activité de cette faible femme survivent généralement à celles de son compagnon, vous la
verrez prendre en main la direction du
petit ménage, ou de la ferme, et c'est alors,

je vous jure, que tout marchera droit et bien.

— Ce n'est point une femme que cette virago, me répondrez-vous.

Si ce n'est point la femme, telle que vous l'imaginez, c'est la femme de la nature. La villageoise compte pour les trois quarts environ de la population féminine, et l'argument a quelque valeur. Car enfin, en dépit des jolies choses qu'on se plaît à publier sur la femme, ce n'est pas de fantaisie, mais de réalité qu'il s'agit.

Ce n'est pas la femme complète ? — Non sans doute. Mais le paysan vous semble-t-il homme complet ? Pas davantage. Ici, comme partout, les mêmes conditions subies produisent sur l'homme et la femme les mêmes effets.

Dans le parti où l'on s'est jeté de différencier l'homme et la femme, jusqu'à en faire deux contraires, on s'est plu à exagérer la faiblesse féminine, oubliant qu'il faut bien que cette prétendue faiblesse recèle la force, puisqu'elle la donne. La force résistante et reproductive de la femme dans l'ordre physique, est l'équivalent de la force masculine, plus extérieure. En faire l'équivalent d'une force intellectuelle créatrice, réservée à l'homme seul, c'est confondre arbitrairement des ordres de choses distincts ; c'est bâtir en l'air sa théorie, sorte de construction familière aux entrepreneurs de ces thèses.

Et maintenant, au point de vue du droit, qu'importe ? Admettons cette absurdité que la femme soit jugée sur le plan de l'homme et non sur le sien à elle ; oublions son rôle spécial, et la nécessité qui s'en suit de forces spéciales et autrement réparties ; supposons qu'elle soit réellement l'être faible et chétif, pâle et vaporeux, qu'un faux idéal lui donne pour modèle, en résultera-t-il qu'elle doive être déclarée inférieure et surbordonnée, au point de vue moral et intellectuel ?

Depuis quand est-il établi que la force physique et l'intelligence soient en raison directe l'une de l'autre ?

Il faudrait à ce compte recruter nos hommes d'État parmi les clowns ; or, sans méconnaître les rapports qui existent entre ces deux classes d'équilibristes, il serait difficile de soutenir qu'on ne peut trouver mieux ailleurs.

Hercule avait de grandes qualités ; mais il n'a point inventé la poudre, qui lui eût beaucoup servi. Le grand Goliath fut abattu par le petit David, et dans ces légendes, où l'humanité met, en même temps que ses rêves, ses conceptions, toujours la force brute du géant ou de l'ogre, est narguée et vaincue par la malice des nains, ou l'esprit de quelque bonne petite fée.

On aurait donc plutôt le préjugé contraire, si préjugé il y a, celui qu'un grand développement matériel s'unit rarement à une grande puissance d'esprit.

Objectera-t-on les nerfs des femmes?—Nous mettrions bien volontiers les petites maîtresses hors de concours, avec la conviction profonde que dès que les nerfs ne seront plus en faveur, ils séviront beaucoup moins. Ce qu'on peut affirmer, c'est que la santé, l'équilibre des forces, paraît nécessaire au plein exercice de la raison, et que sous ce rapport, l'éducation des femmes, dites bien élevées, a besoin de réformes. En attendant, il ne manque pas d'illustres exemples qui infirmeraient cette règle, pourtant si juste. Les nerfs de Voltaire et son état souffreteux, ne nuisirent point à son immense bon sens.

C'est grâce à Voltaire, et à d'autres, qu'on cherche maintenant dans la nature la légitimation des faits sociaux, ou la justification des théories. Il ne faut pas oublier cependant que l'homme *sorti parfait des mains de l'auteur de la nature,* n'est qu'une fantaisie de rhéteur, et que la civilisation, ou, pour employer un terme moins contestable, la raison humaine, a pour tâche de réformer et de perfectionner l'être primitif par un travail incessant — création légitime, puisqu'elle tend à réaliser de plus en plus un but conforme à la fois à la nature et à l'esprit, la justice.

Aussi, quand certains partisans de la subordination de la femme, vont chercher dans la force physique de l'homme, au point de vue de l'union des sexes, une indication naturelle de suprématie, émettent-ils une brutalité sans portée. Qu'on nous ramène alors à la forêt primitive, au droit du plus fort et à toutes les violences de l'état sauvage ; qu'on cesse de définir l'amour : échange et consentement. Ou bien, si tous les efforts de l'intelligence et de la conscience tendent à substituer le droit à la barbarie, qu'on laisse pour ce qu'ils valent de tels arguments.

Au point de vue de la société, le droit du plus fort n'existe pas. C'est la première abdication que le contrat social exige, et il faut qu'elle soit complète. Il n'y a point entre deux situations, entre deux principes, d'opposition plus marquée. Le principe d'association, qui est au fond celui d'équité (réalisé suivant la conception de chaque époque), a précisément pour but de combattre l'abus de la force ; et plus le système de l'association s'étend et se perfectionne, plus le principe adverse recule et s'anéantit. La science, l'adresse le remplacent ; tout progrès nouveau concourt à l'annihiler : il agonise ; qu'on n'en parle plus.

III

INFÉRIORITÉ

INTELLECTUELLE

Depuis qu'un poëte, au sortir d'un amphithéâtre, s'avisa de bâtir une théorie sur ses
impressions, la physiologie sert de base à tout
système un peu convenable au sujet des femmes. Pour cela, il n'est pas nécessaire de la
savoir, au contraire. La moindre variation sur
le thème connu suffit, et l'orateur, ou l'écri-
vain, s'y livre généralement avec d'autant plus

de faconde qu'il est plus éloigné de mériter un diplôme de la Faculté.

— Quoi! vous imposeriez d'abstraits calculs à ce frêle cerveau? Sans pitié, vous soumettriez aux luttes de la vie un système nerveux d'une telle sensitivité que tout y vibre au moindre contact et que bientôt d'affreux désordres...

Suit la peinture obligée de l'hystérie. L'hystérie a fait depuis quelques années dans les livres, dans les journaux, dans les discours, des ravages affreux. On a prouvé de même que la femme, différente de l'homme en toutes choses, par le sentiment, par le cerveau, ne demandait qu'à être guidée, soutenue, maîtrisée, rudoyée même; que son bonheur, son orgueil à elle, était de se suspendre au bras de l'homme comme un lierre à son appui. Tout le monde connaît à présent cette créature, je veux dire cette création, mobile, capricieuse, tour à tour sublime et fantasque, éthérée et rampante, douce et horrible, animalement tendre, digne de tous les adjectifs, et qu'aucun substantif ne réalise, pétrie de toutes les quintessences et de toutes les abjections, fille de l'antithèse, et sœur de la périphrase. Toute la rhétorique dont se compose la philosophie actuelle s'est épuisée là-dessus; toutes les serinettes ont vulgarisé ces airs; on sait tout cela par cœur.

De ces profondes études, il résulte que la femme est incapable des hautes conceptions et même d'un travail suivi; que l'étude lui est contraire; qu'elle n'est faite que pour adorer l'homme et lui obéir. Et comme preuve de ces assertions, le cerveau féminin serait plus petit que le cerveau mâle.

Si ce n'était pas trop indiscret, — je demanderais à ces amateurs de physiologie, qui affirment si carrément la différence du cerveau masculin et du cerveau féminin, s'ils en ont beaucoup disséqué des deux sortes ?

Et ce point éclairé, en supposant qu'il soit résolu par l'affirmative, je demanderais de nouveau s'ils ont trouvé dans le cerveau quelque organe particulier au sexe, ou des différences organiques ?

Sur ce point, la réponse est connue d'avance. Non, rien de tel n'existe.

La seule différence qu'on allègue est celle du poids de la matière cérébrale, plus lourde généralement, assure-t-on, du côté masculin.

Lourde est malsonnant en pareille affaire, mais passons. — Dans ces pesages comparés, a-t-on tenu compte des conditions particulières à chaque individu ? de l'âge, des proportions de taille, de structure, enfin, et surtout, de l'éducation ?

Et puis, est-il bien certain qu'ici la quantité et la qualité soient, au contraire du dicton, en raison directe?

Est-ce d'étendue et de volume qu'il s'agit? Qualités acquises — pour une part au moins — par la nature et la diversité des occupations du cerveau? Ou bien de pénétration? qualité propre et première.

Avez-vous, en ces expériences délicates, saisi et pesé, dans sa valeur intrinsèque, le germe — souvent endormi — de la puissance? ou seulement ses effets?

Enfin — j'y reviens — n'a-t-on comparé que des êtres nés et développés dans des conditions identiques? les a-t-on comparés en nombre suffisant pour que l'action du hasard fût conjurée?

Non pas; on a fouillé des cimetières; on a disséqué des inconnus.

Parmi les malheureux que la misère jette à ce triste et dernier écueil, l'amphithéâtre, il se trouve souvent des hommes qui avaient reçu de l'instruction, quelquefois très-étendue. Soit par fausse vocation, ou manque d'énergie; soit débauche; souvent par l'encombrement des fonctions, les carrières libérales et littéraires fournissent à l'hôpital nombre de victimes.

Chez les femmes, au contraire, celles qui sont nées dans des conditions heureuses, ou moyennes, d'éducation, généralement y restent, soit pour y vivre, soit pour y languir; mais elles ne tentent point la fortune, et par conséquent n'en sont point trahies. Les malheureuses qui meurent à l'hôpital, appartiennent donc presque toutes à cette condition misérable, qui laisse à l'esprit encore moins de chances de développement que n'en a le corps.

Et c'est sur de telles données qu'on prononce !

Tandis que les maîtres poursuivent lentement, silencieusement, leur œuvre patiente, et jugent que ce n'est pas trop de toute une vie pour arriver à un *peut-être*, des amateurs de passage, vulgarisateurs improvisés, qui n'ont fait que poser l'oreille à la porte du sanctuaire, s'en vont crier, sur le résultat du jour ou de l'heure, une conclusion scientifique de plus.

A cette époque où la science à peine sort de son berceau, chaque jour la vérité définitive nous est révélée. Depuis qu'il est admis que tout système doit s'appuyer sur les *faits*, chaque fait isolé fait éclore un système. Jamais on ne vit tant de conclusions aussi prestement tirées ; jamais on n'entendit sur tant de carrefours, tant de gens crier à tant d'échos : Voilà !

j'ai trouvé ! je tiens la vérité même. Bonnes gens, approchez !

Nous visitions dernièrement les catacombes. Près de nous, deux hommes posés et diserts, qui semblaient jouir (soit du gré des autres et du leur, soit du leur seulement, je l'ignore) d'une confortable importance — ces deux hommes s'arrêtant devant une des rangées de crânes qui festonnent les monotones murailles d'ossements, dirent, en désignant tels et tels du bout de leurs cannes : Voici un crâne de femme ! en voici un autre ! un autre !...

C'étaient les plus déprimés et les plus petits.

— Vraiment ? dis-je.

— Assurément ! répondirent-ils. Cela ne fait pas le moindre doute.

Et ils continuèrent leur étude, ou plutôt leur inspection, n'hésitant pas une seconde, tant leur conviction était complète et leur coup d'œil sûr! On ne pouvait que rester confondu par tant de preuves.

Au reste, s'il est des physiologistes qui affirment la différence des cerveaux, il est des physiologistes qui la nient.

Et pour citer un exemple qui ne manque pas de valeur, voici ce que dit à ce sujet Von Scherzer dans son grand ouvrage sur le *Voyage de la Novara*. Dans ce voyage autour du monde, à travers tant de races diverses, Von Scherzer lui aussi, à tort ou à raison, a mesuré des crânes. Il en a mesuré incontestablement davantage, et en des conditions tout autrement variées, que nos physiologistes d'occasion ne l'ont pu faire dans un coin de Paris, sur cet écueil de l'amphithéâtre, que les mêmes flots à peu près viennent toujours battre. Voici ce qu'il dit :

« Chez les femmes, la largeur de la tête est

en général analogue à la largeur de la tête chez les hommes; mais chez toutes elle est relativement plus grande... En tenant compte de la différence des tailles, le crâne de la femme est *chez tous les peuples plus haut, plus long et en même temps plus large que le crâne masculin.* »

Espérons qu'ils sont généralement égaux, cela vaut mieux. L'assertion de Scherzer à cet égard n'est pas, en l'absence d'un principe certain de recherches, plus concluante que les autres. J'ai voulu seulement rétablir l'égalité des affirmations.

Ce que l'on peut affirmer sûrement, c'est que si la raison humaine a besoin du contrôle des faits, et doit en beaucoup de cas s'y soumettre, c'est elle aussi qui, pour une grande part, les crée :

La différence qu'on veut établir serait prouvée par de laborieuses comparaisons, faites dans les conditions d'équité les plus sérieuses, que cela servirait uniquement à constater l'état des choses présentes et n'impliquerait point l'avenir.

Lorsque l'intelligence de la femme aura cessé d'être systématiquement enfermée dans les premiers moules de la conception humaine ; quand on lui aura rendu l'air et la liberté ; quand elle recevra une instruction semblable à celle de l'homme, — ce qui ne veut pas dire semblable à celle d'à présent, — alors nos physiologistes pourront reprendre leurs balances et recommencer leurs calculs. Jusque-là, le bon sens et l'équité leur commandent de ne pas se montrer si pressés.

Mais qu'ai-je dit? une instruction semblable à celle de l'homme ! Hérésie ! Eh quoi ! n'est-il pas établi qu'instruire une femme c'est nuire à son cœur ? Pour nos philosophes modernes, comme pour l'Église, la science conduit à l'enfer.

— Non pas, allèguent-ils, nous disons seulement que la science ne peut-être dispensée de la même manière à cet être délicat et fragile; qu'il faut sur toutes choses ne point masculiniser la femme, trier soigneusement ce qui lui convient, et, de même que les oiseaux ne servent à leurs petits qu'une nourriture déjà digérée, ne donner à ce tendre esprit que des choses préparées pour lui, saines à garder, faciles à comprendre. Car l'homme et la femme ne pensent point de même et ne s'approprient rien de la même façon. Comme l'abeille de cent fleurs extrait son miel, de même il faut extraire de toutes choses pour la jeune fille le suc féminin, etc...

Il y a longtemps qu'on parle du masculin et du féminin des choses; je ne m'oppose pas à leur existence; mais il serait temps de procéder à une classification certaine. Car enfin, selon la méthode adoptée de ne rien affirmer *a priori*, c'est par l'analyse qu'on doit s'être élevé à cette synthèse. Je demande donc une bonne fois le partage net, précis. Cela est plein d'importance; il faut bien vérifier, et puis il s'agit d'éducation. Qu'on mette donc de côté, d'une part, les vérités d'ordre masculin; de l'autre, celles d'ordre féminin; qu'on sépare les sciences qui concernent uniquement l'homme de celles qui s'adressent à la femme uniquement; ou bien, si le partage doit être fait au sein de chaque ordre de connaissances, qu'on démêle en syntaxe, en mathématiques, en logique, ce qui appartient à l'un ou à l'autre esprit.

En astronomie, par exemple, mettrons-nous le soleil d'un côté, de l'autre la lune? L'histoire naturelle est mâle et femelle, très-bien — mais les rapports sont nécessaires. Et la géométrie, comment la diviser? s'arrêter au pont aux ânes? soit; mais si *la petite* veut aller plus loin? Et l'histoire? fera-t-on le triage des siècles ou celui des faits, laissant les causes et leurs enchaînements s'arranger comme bon leur semble? Tout cela paraît difficile; on n'imagine guère comment il y aurait deux manières d'enseigner et de concevoir les propriétés du rayon solaire, ou l'assassinat d'Henri IV.

— Peut-être est-ce de mesure surtout qu'il s'agit et ne devrait-on enseigner aux femmes que les éléments de toute chose? — Mais c'est le plus grand, le plus profond, le plus vaste! le détail n'en est plus que la démonstration, nécessaire d'ailleurs.

— Ou bien, c'est entre les diverses branches de la connaissance humaine qu'il faut opérer le triage, donner à l'homme par exemple les sciences exactes et... — Mais la femme vit de la nature aussi bien que lui et fait, bon gré, mal gré, tous les jours, de la géométrie, de la physique et de la chimie, à la manière de M. Jourdain. Et l'hygiène, si nécessaire à la mère de famille, et qui touche à toutes les sciences ?... Garderez-vous plutôt les sciences humaines ? — Mais il n'y a pas plus d'histoire, de langue et de littérature sans la femme qu'il n'y a d'humanité.

Cependant, puisqu'on affirme si bien ces limites, sans aucun doute, on les voit ; il serait donc utile de les exposer nettement. Qu'on montre enfin les deux faces de la justice, les deux sexes de la pensée ! Tous les esprits ingénieux qui se sont exercés déjà sur les deux morales, doivent entreprendre cette tâche ; elle est digne de leur valeur.

7.

De deux choses l'une : ou les lignes qui séparent les deux ordres de conception sont visibles, nettes, et vous pouvez nous les retracer fidèlement ; ou bien, ce ne sont que linéaments si subtils, qu'ils se perdent pour la vue et la description dans un vague pareil à la ténuité des fantômes. En ce dernier cas, peut-être le plus probable, que faire ? quel parti prendre ? — Je n'en vois qu'un : enseigner bravement aux filles et aux garçons, indistinctement, telles qu'elles sont, la science et la vérité. Dieu reconnaîtra les siens.

Car, si l'esprit de la femme est naturellement différent de celui de l'homme, elle saura d'elle-même distinguer ce qui lui convient et rejeter le reste. — Vous criez au meurtre ; vous affirmez que ce serait lui gâter le cœur et l'esprit ! Il est une chose que je ne puis m'expliquer : c'est, d'un côté, la ferme confiance que vous avez en la femme de votre idéal, en cette créature sensitive, pétrie de charmes et de faiblesses, dont la nature, d'après vous, a si bien marqué le caractère et les bornes, — et la crainte folle que vous éprouvez de vous la voir changer en nourrice par une autre éducation.

Je le répète : si la femme est réellement ce que vous la dites ; elle restera elle-même, soyez-en-sûrs. Ou les caractères sont spécialement différents, et la nature gardera son plan et son œuvre ; ou ils sont propres à se confondre, au gré des aptitudes individuelles, et alors quel motif avez-vous d'en empêcher ?

Le motif... Ah !... Tenez, soyons francs : Vous en êtes encore à la Bible et à l'interdiction des fruits de la science, interdiction à l'envie rééditée par tous les représentants en ce monde du Père éternel. Mais, alors, soyez

conséquents : baisez la mule du pape et sou-
mettez-vous de bonne grâce à la monarchie
de droit divin. La science est un danger pour
la femme comme elle l'était pour le peuple.
Vous croyez être de votre temps ; vous vous
trompez : dans cette aube confuse où luttent
la lumière et l'ombre, au milieu de ces ruines,
entre lesquelles percent et croissent malaisément les germes nouveaux, vous êtes du
parti de la nuit ; vous êtes les disciples du
passé.

D'où venez-vous, cependant ? Et où allez-
vous ? le savez-vous bien ?

Quoi ! la science serait pernicieuse ! Quoi !
vous, esclaves qu'elle a délivrés, vous la re-
niez déjà ! Elle serait mauvaise pour la femme,
étant bonne pour vous ? Elle aurait cet étrange
effet que, précieuse à la raison, elle serait fu-
neste pour le cœur ! Et que deviendrait en ce

cas la moralité de l'homme? Que conclure d'un tel aveu?

Cette question de la femme a cela de particulier qu'elle agit comme dissolvant immédiat sur l'intelligence, et brouille et confond toute notion précise. Ainsi, l'opinion générale qui admet l'infériorité intellectuelle chez la femme, par contre, se plaît à lui attribuer la supériorité en fait de sentiment. En sorte que de ces deux termes : faiblesse de corps et incapacité d'esprit, résulterait l'inspiration sublime, chantée sur les lyres de tous les poëtes, ce cœur de la femme, inépuisable trésor! merveille! abîme! fleuve! océan! révélation divine! etc, etc.

Il faudrait pourtant raisonner un peu :

De bonne foi, croyez-vous que l'être humain soit un composé de pièces rapportées, sans lien entre elles, ou d'antithèses, comme votre prose? Pensez-vous qu'un être sans raison, ou

de raison faible, puisse en un cas donné dis-
cerner le mieux et le bien comme vos Seigneu-
ries ? Non évidemment, cela ne se peut. Ou
bien vous supposeriez que le cœur serait à sa
manière un organe pensant ? Mais à quoi bon
ce double organisme ? Et puis, c'est par trop
d'abus de littérature. Le cœur, tout le monde
le sait, n'est qu'un *muscle creux*... définition
épouvantable ! — mais la science ne respecte
rien.

Donc, ce muscle tant célébré — (tout-à-fait
en dehors de ses mérites) — organe précieux
et indispensable de la circulation du sang,
n'est que nominalement coupable de tant d'é-
légies et de dithyrambes. Le siége du sentiment est le cerveau, le même que celui de la
pensée.

Et vous venez assurer que le cerveau de la
femme est plus petit que celui de l'homme !

Où logez-vous donc cette « mer de lait » d'amour, dans laquelle se noie votre lecteur attendri ? Cette immensité de sentiment qui à vos yeux constitue la femme ? — Car les femmes, c'est bien entendu, sont toutes organiquement bonnes, dévouées, aimantes... ou ce sont des monstres. — Donc, cette petitesse de cerveau m'inquiète, et j'ai peur que sur ce point les besoins de la cause n'aient été mal compris.

Avant tout, il faudrait encore donner la définition respective, exacte, de l'intelligence et du sentiment, et la limite précise qui les sépare. S'ils sont deux choses opposées, comme on le prétend, rien n'est plus facile.

Il est seulement gênant de les voir ainsi réunis dans le même lieu ; car enfin ils pourraient se toucher et s'enchevêtrer en quelque point, et le scalpel n'a pas encore aussi bien délimité leur domaine que l'a fait la plume des écrivains amateurs de physiologie, pathologie, psychologie, phrénologie, etc., etc.

Essayons toutefois d'apporter une pierre à l'édifice : n'a-t-on pas remarqué, à mesure que nos idées changent et que notre esprit s'étend, que nos sentiments se modifient ? Qui n'a entendu parler des effets surprenants de l'imagination sur les sens, quand elle arrive, en supposant la réalité, à la créer pour ainsi dire et à produire des impressions ? L'imagination est une faculté de la pensée ; ou plutôt, n'est-ce pas la pensée elle-même à l'état inculte, privée de règle et de mesure, ou brisant à plaisir ces liens, effleurant l'objet, sans étude au gré de sa fantaisie? C'est pour cette raison qu'on attribue aux femmes plus d'imagination, parce que leur pensée a moins de culture.

Telle personne par exemple — et ceci n'est pas une supposition, mais de l'histoire — qui dans son enfance et sa jeunesse, fut, en raison de son éducation et de son milieu, fort aristocrate, reconnaissant plus tard l'égalité, la servira de toute son âme, parce que, suivant ses croyances, ses sentiments auront changé.

Comment les choses en seraient-elles autrement ? Imaginons un peu un être chez qui le sentiment irait d'un côté, la pensée de l'autre.

Il ne s'agit pas d'indécision, c'est-à-dire d'aperceptions multiples et diverses ; non, mais d'inspirations différentes : le sentiment juste, la pensée fausse ; là, dans le même être, indélicatesse du cerveau, et probité du cœur. Cela ne se conçoit guère. Prenons, pour mieux approfondir, un exemple : l'ambitieux, César ou Napoléon. Conservons à ces deux hommes leur sentiment effréné pour la fausse gloire et pour la puissance; mais, au second, donnons l'intelligence de Condordet, à l'autre, la pensée de Caton... Ne sent-on pas que c'est absurde? que pareil désaccord constitue une individualité impossible? en dehors de l'unité nécessaire à l'existence; en dehors de toute action imaginable. de toute loi connue?

C'est que l'accord est la loi de l'ordre moral aussi bien que de l'organisme. Quand l'hésitation se produit en nous, quand nous sommes à la fois poussés par quelque désir et retenus par quelque crainte, c'est tout simplement que nous voyons tour à tour l'avantage et l'inconvénient.

Ce n'est pas nous qui sommes doubles, mais les probabilités; notre esprit hésite seulement sur les conséquences. Le désir, cependant, va-t-il jusqu'à la passion ? alors, notre raison est de la partie. « La passion aveugle.» Ce dicton, incontestable, suffit à prouver que le sentiment et la raison subissent les mêmes influences, et qu'un lien profond les unit. Tout sentiment qui hésite est un esprit qui doute. L'amour est une foi.

Aussi, le sentiment n'est-il — à mon avis, — que l'ensemble des conceptions incarnées dans l'être : — antérieurement, soit par l'hérédité, soit par une vie précédente ; — en cette vie, soit par l'éducation, soit par des réflexions devenues croyances. L'intelligence et le sentiment, c'est l'action et le souvenir ; c'est le mouvement et la durée ; le présent et le passé ; la charrue et le sillon. Ils diffèrent de date, non pas de nature, et les séparer est si malaisé que dans ce chapitre où je n'en voulais traiter qu'un seul, je n'ai pu m'empêcher de les confondre

Dès que e sentiment cesse de s'appuyer sur un motif — c'est-à-dire sur une pensée — il n'est plus qu'un instinct. Respecter le sentiment chez la femme et le conserver par l'ignorance, en bon français donc, cela ne veut dire qu'une chose : abandonner la femme à ses instincts. C'est à cette conclusion anti-progressive, anti-civilisatrice, qu'aboutit ce beau système, qui fait de l'homme et de la femme deux êtres différents, nés pour représenter chacun une part de l'être, sur la foi d'une antinomie qui n'existe, ni dans la nature des choses, ni d'après les lois du sens commun.

Reste de l'esprit de caste et de privilége, que cette manie de tout séparer, parquer, étiqueter, les facultés comme les êtres ! La vérité en toutes choses, dans la nature comme dans l'esprit, c'est la liberté, c'est l'espace. La vie est pénétration incessante, échange, consentement, unité.

— On allègue, pour prouver l'infériorité intellectuelle de la femme, l'infériorité de sa production scientifique, littéraire et artistique dans l'humanité.

Cette infériorité est évidente. Mais depuis quand les effets comptent-ils à part des causes ?

On ne fait point difficulté de reconnaître que par l'atrophie des facultés intellectuelles dans le peuple, l'humanité n'ait perdu, ne perde encore des trésors incalculables. Reproche-t-on au peuple ce malheur ?

Cependant, lorsque chez un enfant pauvre des facultés exceptionnelles venaient, par hasard, à s'affirmer aux yeux de quelque privilégié, respectueux des choses de l'esprit, on se chargeait de l'éducation du petit prodige; on secondait sa vocation. En était-il ainsi pour les petites filles? — Non pas. On aurait dit : à quoi bon ? On le dit encore. Le préjugé s'ajoute à la pauvreté pour les refouler dans une ignorance systématique.

En toutes conditions, d'ailleurs, même arrêt. La sagesse des pères de famille bourgeois comprime avec soin chez leurs filles les germes inquiétants d'une intelligence hors ligne, et s'empresse d'arrêter l'instruction aux limites fixées par l'usage. Encourager chez une fille le savoir ! Qu'en ferait-elle ? Et à quoi cela lui servirait-il, sinon à ne pas trouver de mari ? Ce garçon peut donner à la société un mathématicien, un penseur, un général. *Elle* doit-être une mère de famille, et rien de plus.

Alors, sur cette enfant, arrachée à l'étude, agissent : les sollicitations de la vanité, celles de l'exemple, les ordres de sa mère et les influences de l'opinion, l'énervement des soins frivoles, enfin l'intérêt personnel immédiat, le seul que voient les enfants, et qui présente à celle-là, comme seul avenir à saisir, ou à poursuivre, le mariage. Tout cela, au moment précis où la vocation se décide, où l'étude la développe et l'assure, de dix-sept à vingt ans, avant l'âge où le caractère existe. Une fois mariées, l'amour, la maternité, la tyrannie des soins domestiques et celle de l'usage, l'occasion perdue, les moyens refusés, la crainte de la raillerie, l'absence de liberté, le préjugé toujours ennemi... N'en est-ce point assez pour cette explication qu'on demande, et qui est si facile à saisir, du petit nombre des femmes, parmi les élus de la science, de l'art et de la pensée ? On consacre à l'amour la femme encore enfant ; on écarte d'elle tout autre but ;

on arrête le développement de ses facultés à l'âge où elles prennent l'essor et on lui demande compte, ironiquement sans doute, non-seulement de ce qu'elle n'a point reçu, mais de ce qu'on s'est appliqué à lui ravir. Ce développement que tout excite chez l'homme, chez la femme, tout le combat. Pour l'étouffer en elle, la société arme toutes ses forces, toutes ses influences et de plus le propre cœur de la femme et ses trop précoces devoirs.

— Soit, dira-t-on. Mais ces obstacles ne sont-ils pas le fait même de la nature et de la destinée féminines ?

— Non, il ne résulte pas de la nature et de la destinée féminines qu'une femme doive être mère avant d'être formée d'esprit et de corps. Il est de sa destinée, comme de celle de tout être humain, de savoir ce qu'elle fait, à quoi elle s'engage, de stipuler pour elle-même en toute connaissance, en toute liberté, d'être capable enfin des devoirs qu'elle embrasse. Ah! ce n'est pas le moindre désordre causé par la conception ignoble et stupide, qui voit dans la femme avant tout un agent de reproduction, ou de plaisir, que l'inconsistance voulue, décrétée, de celle qui plus particulièrement renouvelle la race, donne à l'être individuel sa première impulsion, et à l'être social la famille, sa première forme.

Que l'éducation de l'intelligence soit aussi large, aussi complète pour la femme que pour l'homme, et l'on verra ce que devient ce prétexte d'infériorité. Mais on rougit presque de combattre des affirmations aussi spécieuses, aussi évidemment nées des besoins d'une cause perdue. L'esprit de la femme inférieur à celui de l'homme! Et comment cela? En vertu de quelle loi? Sur quelles preuves? Où sont les raisons de ce phénomène, sans exemple dans le reste de l'univers, et qui se produirait précisément au sein de l'espèce la plus intelligente? Où tracer la démarcation entre ces deux êtres, que tout réunit, mêle et confond, entre lesquels la seule différence incontestable qui existe n'est qu'un motif d'attraction plus particulière et de plus profonde union ? Tout ce qui diffère d'essence, diffère aussi de semence et d'origine. Eux, les mêmes causes les créent et le même sein les nourrit. Au moins, pour appuyer de tels dires, faudrait-il constater différents éléments de formation, et démontrer avec quel soin mystérieux la bonne nature ferait, au sein de conditions identiques, le triage de cet élément viril — qui s'épanouit en si merveilleux effets de moralité sociale et de dignité civique — et de cet autre, uniquement composé, comme on sait, de tendresse et

de faiblesse, qui serait créé pour adorer
l'autre et le reproduire — sans mélange aucun.

LA MATERNITÉ

IV

LA MATERNITÉ

Voici le grand argument, le sceau de la chaîne, par laquelle on attacha de tout temps la femme à la case, au gynécée, et maintenant au foyer. On n'en saurait méconnaître l'importance. Il faut voir seulement si on ne l'a point exagérée, si même, d'un point de départ vrai, on n'est pas arrivé à de très-fausses conséquences.

Qu'est-ce que la maternité ?

Le chœur des littérateurs et des poëtes répond par des acclamations enthousiastes ; et même ailleurs, point de tête qui ne s'incline. La maternité, c'est le triomphe de la femme, sa grande et suprême fonction ! sa morale ! son génie ! la source inépuisable et sacrée des inspirations sublimes et fécondes ! l'océan d'amour ! etc...

Bon ! Mais en quoi consiste-t-elle ? Non pas seulement sans doute à concevoir l'enfant, le mettre au monde, l'allaiter ; c'est le fait de toutes les femelles, qui toutes soignent leur fruit avec amour. La mère humaine seule est ainsi divinisée. Pourquoi ? Parcequ'elle y met son âme, parcequ'elle s'élève de l'instinct à l'amour conscient, et que l'amour, en dépit des doutes, des blasphèmes, des sacriléges, et surtout cet amour-là, si fidèle, si grand et si pur, est bien réellement ce qu'il y a de plus doux et de plus haut dans la vie.

La maternité est sublime, parce que sublime est son œuvre : le renouvellement de l'humanité par l'être neuf et naïf, pur de la fange des chemins déjà parcourus, libre de toute haine, de tout souvenir, de toute souillure, et que l'on peut, ainsi qu'une fleur dans un bon terrain, au soleil, soigneusement arrosée, pétrir de lumière, d'amour et de justice. La maternité, c'est la préparation de nos destinées ; c'est la réforme incessante de la création, ou plutôt la création même continuée, et perpétuellement agrandie ; œuvre suprême, où la connaissance et l'enthousiasme du beau dans tous les ordres est nécessaire ; où le génie des grands sculpteurs appelle à son aide celui des grands philosophes, et la foi de ces moralistes, qui parmi les rires et les doutes de l'humanité,

9.

à travers les glaives monarchiques et les huées populaires, tracent nos chemins dans l'idéal.

Que doit être donc l'ouvrière de cette grande œuvre, celle qui, plus particulièrement du moins, la fonde et la détermine?

Le même chœur de littérateurs et de poëtes, et la foule qui les suit, répondent : Une ignorante !

C'est le fond de la doctrine, avec des variantes, du plus au moins. Mais enfin le système, non seulement décrété, mais pratiqué, depuis le commencement du monde, est bien celui-là — parce que la femme est mère, elle doit rester à part de la science et à part de la liberté; la connaissance et la responsabilité lui sont inutiles, et bien plus, funestes ! — N'est-ce pas, dites, quelque peu bizarre?

Pensons-y bien : ce serait à cause de l'importance de la sainteté, de la fonction maternelle que la femme devrait être privée d'une large culture intellectuelle ? — de cette dignité qui résulte de la possession de soi ? de la responsabilité de ses actes, qui seule constitue la moralité ?

C'est à cause de la maternité que lui seraient interdites les fortes études ? ainsi que les grands bénéfices du travail sérieux ?

La femme serait d'autant plus mère, c'est-à-dire d'autant plus propre à élever ses enfants, à développer leur âme, à préserver leur santé, qu'elle prendrait moins de part et d'intérêt à la vie sociale ! qu'elle serait plus ignorante, plus atténuée comme personne morale et intellectuelle !

La grande fonction du renouvellement de l'humanité, serait le mieux remplie par un être privé de son développement normal, et atrophié dans une part de sa vie, la plus importante?

Ces choses-là se discutent-elles? — Non; il suffit de répéter le mot célèbre : qui trompe-t-on ici?

— Et pourtant il y a vraiment des naïfs qui sérieusement s'écrient : Que deviendront les enfants, si la femme abandonne le foyer pour les préoccupations de la vie publique?

Voyons un peu — Mais d'abord constatons une chose dont on aurait pu s'apercevoir : c'est que la femme n'est pas toujours et perpétuellement occupée par la maternité.

D'abord, depuis sa naissance, jusqu'à son mariage, 18 à 20 ans (ce ne serait pas trop de 25) s'écoulent.

Pendant ce temps, dira-t-on, elle doit se préparer à son rôle de mère.

Mais n'est-il pas par trop sans façon de

prétendre que la femme naisse uniquement pour la fonction maternelle, tandis que l'homme naîtrait, lui, tout bonnement pour la vie humaine, c'est-à-dire pour lui-même?

La femme naît, aussi bien que l'homme, pour la vie, ainsi que ses diverses aptitudes le démontrent; et, de même que pour tout être conscient, son devoir ne relève que de sa conscience, à elle; il ne peut être antérieur à sa liberté.

C'est donc pour la vie qu'elle se prépare, et, comme toutes les justices se rencontrent, c'est en se préparant pour la vie qu'elle se prépare pour la maternité. L'a t-elle acceptée, oui, sans doute, elle s'y doit absorber, et rien, ni l'art, ni la science, ni la recherche, ni aucune autre réalisation, n'est plus absorbant, parce que la maternité est la somme et le summum de toutes choses humai-

nes. Là il ne faut semer, sous forme d'impressions, que des idées justes ; reconnaître en
germe les déviations probables et tout diriger
en haut vers la lumière ; il y faut en un mot la
science suprême, celle de l'être, pour laquelle,
si intelligente et si préparée qu'elle soit, la
femme ne le sera jamais assez, et devra s'aider,
avec intelligence et sincérité, des forces du
père, de la famille, de la société.

Mais enfin, si grande et si noble que soit
cette tâche, elle devient peu à peu moins ab-
sorbante, et quelque jour cesse, dans la liberté
complète et l'amitié de l'enfant, devenu l'égal.
Les soins maternels, dans leur période spéciale,
ne demandent guère à chaque femme, en
moyenne, qu'une dizaine d'années[1], disons :

[1] Sans doute, la surveillance maternelle aussi, bien que
paternelle, doit s'exercer beaucoup plus longtemps ; mais.

quinze ans, si l'on veut. La vie normale de chaque être est de soixante à soixante-dix ans. Doit-elle être sacrifiée toute entière à cet espace de dix ou de quinze années?

C'est dans ce point unique cependant qu'on veut absorber et fondre toute la destinée de la femme. C'est pour cela que dans les récentes discussions populaires à ce sujet, on faisait abstraction de la nécessité même pour soutenir que la femme doit être affranchie de tout travail.

Comprend-on des travailleurs, dont la fonction ne pourrait s'exercer que pendant dix ou quinze années, et qui demanderaient pour ce fait à rester oisifs, et nourris du travail commun, tout le reste de leur vie?

dans les données ordinaires, dès que l'enfant reçoit l'instruction des écoles, cette surveillance est restreinte à un petit nombre d'heures par jour.

Mais ce n'est pas la femme qui réclame cette immunité. Et ce n'est pas non plus dans son intérêt qu'on la réclame.

Il faut ajouter que pour un nombre de femmes assez considérable : celles qui ne se marient pas, et celles qui, mariées, n'ont pas d'enfants, ce dévouement forcé aux inconvénients d'un système, dont elles ne récoltent pas les avantages, est par trop injuste. Celles-là, quelles raisons, quels prétextes alléguer pour leur interdire, aussi bien qu'à la mère devenue libre, l'accès de n'importe quelle carrière ou fonction choisie par elles? Que ce soit la règle, l'exception, qu'importe? Que ce soit la liberté!

Il n'est que trop accepté, aux deux extrémités des fortunes humaines, que la femme abondonne ses enfants, ici, pour le travail là, pour le plaisir. Pourquoi donc ceux qui s'écrient le plus haut que la maternité est la seule vocation de la femme, combattent-ils ces deux grands fléaux de la famille : la misère et la coquetterie, avec bien moins d'ardeur qu'ils ne combattent l'éducation scientifique pour la femme? Pourquoi? si ce n'est qu'au fond ce respect affecté de la maternité n'est que le profond émoi d'une domination ébranlée?

Pourquoi cette exagération d'égards, de tendresse, qui va jusqu'à refuser à la femme le travail, cette noble et nécessaire gymnastique?

Parce que travail signifie indépendance.

Pourquoi cette peur insensée, illogique, de la connaissance, de la réflexion, du libre dévelopement de l'être?

Parceque de la connaissance dérive la volonté, comme de l'ignorance l'incertitude. Qui pense et qui sait veut; tous les despotes sentent cela.

Et l'analogie est si compléte, qu'il n'est pas

un argument fourni par les adversaires de la femme, qui ne soit tiré de l'arsenal des pouvoirs divin et temporel.

— Si la femme, trop adonnée aux choses de l'esprit, néglige ses devoirs maternels? si la liberté chez elle devient licence?...

Mais la liberté c'est la force ! et la force est la santé ! C'est la faiblesse qui se livre et qui s'abat. Tristes incroyants, qui estiment que l'intelligence et la liberté conduisent au mal ! Et puis, quoi? de ce que l'excès est possible, s'en suit-il que l'usage de tout bien doive être interdit?

Jamais encore affamé n'a réclamé sa place au banquet social, qu'on ne l'ait écarté sous accusation d'insobriété probable. C'est trop de sollicitude. La vie a ses risques et périls, et la liberté les siens. Mais les prévenir par la mort ou par l'esclavage, dépasse les bornes de la prudence.

Tout ce creux système, si favorable à la tirade et à l'amplification, s'écroule dès qu'on y touche, et ne se compose que de phrases. On exalte à l'envi le rôle de la mère et le génie maternel : la littérature a exploité cette veine avec enthousiasme ; le théâtre possède sur ce sujet les clichés les mieux sentis, que répétent volontiers dans les conversations, ou même en certaines occasions de la vie privée, les gens impressionnables. Mais, en réalité, dans la vie intime et de tous les jours, la mère n'en est pas plus respectée. Elle ne l'est pas, parce quelle ne saurait l'être; parce qu'en dépit de la rhétorique la logique a ses droits, et que lorsque les faits contredisent les mots, les mots ont tort.

On ne respecte que ce qu'on estime. Et selon nos mœurs actuelles, qu'il faut voir telles qu'elles sont, ce qu'on estime le moins ce sont

les vertus simples et passives, le désintéres-
sement, la bonté, le devoir rempli, surtout
lorsque les soins qu'entraîne ce devoir ont un
caractère servile et en apparence futile, et
quand à ces vertus s'allient beaucoup d'ignorance et de nombreuses incapacités. Ce qui
commande l'estime, c'est la force intellectuelle;
ce qui commande l'estime, plus encore, hélas!
— la déférence du moins — aux temps où
nous sommes, c'est le pouvoir.

Or, la mère est dépourvue, de par nos
usages et de par la loi, de tout élément
d'influence et d'autorité. Elle ne dispose
librement de quoi que ce soit; ni la satisfaction
des besoins, ni celle des plaisirs ne dépendent
d'elle. Qu'il s'agisse de l'éducation des enfants,
de leur carrière, d'incidents graves de leur
vie, de leur mariage, la mère ne tient au
conseil que l'humble place d'un préopinant sans

droits, dont l'avis peut être écarté sans céré-
monie. En toute décision importante, la volonté
du père importe seule, et les enfants le savent
bien. Peut-être l'excès d'une telle injustice ex-
citerait-il leur indignation? mais quoi? ne
voient-ils pas la profonde incompétence de leur
mère à l'égard de tous les sujets sérieux, et
cette harmonie entre l'éducation et la loi ne doi-
elle pas suffire à convaincre des esprits peu réflé-
chis que les choses sont comme elles doivent
être? On accorde donc à sa mère l'affection un
peu dédaigneuse, dont le père lui-même donne
l'exemple; on accepte ses soins et ses gâteries
comme chose due, par bonté pure, car la
femme a des besoins de tendresse à satisfaire;
on méprise ses avis; on raille ses inquiétudes;
la mère entend le nom de *femme* tomber avec
dédain de la bouche de son fils. Qu'à tout cela
se joignent des déférences extérieures, ou

même des adorations poétiques, cela n'y fait guère. Toujours illogique à l'égard de la femme, l'homme se plaît à se poser en ce qui la touche, des problèmes d'inconséquence, qu'il parvient à résoudre à sa propre satisfaction. On ne se réserve pas impunément la science à soi seul.

Quoi qu'on *dise* d'ailleurs, le fait est là, dans son écrasante réalité : la femme est subordonnée ; donc, inférieure pour tous ceux qui ne séparent pas le fait du droit, c'est-à-dire pour l'immense majorité des hommes, pour les fils aussi bien que pour les maris. Et puis, nous parlons toujours des classes élevées, c'est-à-dire du petit nombre. Mais qu'on aille visiter les intérieurs populaires. Aux yeux de l'homme du peuple, qui, lui, ne se pique pas de quintessence, le respect d'un être auquel on n'accorde pas le sens commun nécessaire pour

se conduire lui-même, et faire ses propres affaires, ce respect là n'est qu'une simagrée des
gens comme il faut; et il ne se me tnullement en
peine de les imiter sur ce point, n'en croyant
pas plus mal faire. Au village, le fils devenu
chef de famille, c'est *le maître*; sa vieille mère,
aussi bien que sa femme, le nomment ainsi,
et ce n'est pas la vieille mère qui sera le moins
durement commandée, le moins grossièrement remontrée. Là, c'est-à-dire chez l'immense majorité — se réalise encore dans toute
sa splendeur, la maxime hindoue : la femme
doit obéir, fille à son père, femme à son
mari, mère à son fils.

Au fond, ce sentiment est partout le même,
A part certaines familles, très-exception-
nelles, où le sentiment élevé de ce qui doit
être impose aux enfants la sainte ignorance
de la loi, il n'est pas un fils qui, dès l'âge où

il peut comprendre l'état de choses régnant — dans la plupart des ménages il ne faut, pour cela qu'écouter et voir — ne respecte moins sa mère que son père. Il n'en saurait être autrement ; et tous les cris d'horreur et toutes les périodes de toute une légion de Prudhommes n'y changeront rien. L'influence du fait, bien plus forte que celle du droit, impose ce sentiment au cœur des hommes — disons, si l'on veut, des hommes vulgaires ; mais je prie les autres de se bien sonder.

On peut donc éditer, et rééditer, les plus jolies phrases sur le divin rôle de la mère, de la femme, dans l'humanité. Aussi long-temps que la femme restera intellectuellement et légalement inférieure, elle restera méprisée. Le christianisme aussi a dit de fort belles choses sur l'égalité du pauvre et du riche, de l'esclave et du maître (non de la femme et de l'homme ; il faut lui rendre justice à cet égard). Comme il s'est contenté de les dire, et a renvoyé toute liquidation après cette vie, ses maximes sont restées lettres mortes, et l'on sait de quel air un dévot de haut parage fait l'aumône à son frère en Jésus-Christ, couvert de haillons.

Le premier sentiment de dédain à l'égard de la femme, qui nait du spectacle des choses, se complique admirablement, à l'âge des passions, de la différence des deux morales. Habitué déjà à se considérer comme suzerain, sûr de l'impunité matérielle et morale, comment l'homme n'abuserait-il pas d'un être que lui abandonnent les lois et l'opinion ; que lui livrent une insuffisance d'esprit soigneusement préparée, la coquetterie, l'ignorance et, tantôt l'oisiveté, tantôt la misère ? On invoquera la pitié, la justice... enfantillage! l'homme encore une fois ne respectera la femme que lorsqu'elle sera son égale en droit et en fait, armée des mêmes droits et des mêmes puissances.

C'est, j'en conviens, une vérité dure, qui prête peu aux beaux sentiments et aux phrases sonores; mais c'est une vérité humaine, que prouvent à l'envi, et le spectacle du monde actuel et tous les enseignements de l'histoire. Non — pas encore du moins — un ordre de choses ne se change par de simples exhortations. Non, pas encore, dans le monde, la générosité n'est de taille à remplacer la justice. — Que penseraient les propriétaires d'un législateur qui abolirait le code pénal, en se bornant à faire appel à la probité des citoyens?

Enfin, s'il est reconnu en démocratie que droit et devoir s'impliquent et sont les deux faces du même fait moral, qu'on cesse de faire du devoir le plus étendu et le plus sacré, un titre d'esclavage. Qu'on cesse d'élever les devoirs de la femme contre ses droits.

V

LE DROIT

V

A part quelques esprits sérieux, notre époque vit au jour le jour de faits plus que d'idées, et de faits sans grandeur. Les commérages auxquels est réduite la politique actuelle, les nouvelles du monde artistique et des salons, et ce triste bilan qui sous le titre de *faits-divers*, expose les misères, les crimes et les aberrations de chaque jour, là se borne a nourriture intellectuelle et morale du plus grand nombre. Ce n'est pas qu'elle soit vide d'enseignements ; mais la moëlle n'en est pas extraite et ces faits n'offrent à ceux qui en vivent qu'un intérêt passager, pris à part de leurs conséquences et de leurs causes : le simple appétit de l'incident, l'amour de l'enfant pour le conte ; dans l'esprit comme dans le journal, ils restent sans lien, sans ordre, séparés par des *tirés*. On réfléchit peu ; le temps manque ; le goût surtout. La vie, consacrée toute entière à la poursuite du but personnel, immédiat, harcelée par la concurrence sociale, est si haletante ! Tout s'y produit en hâte et sous forme de compétition : l'action, la pensée. Remonter aux sources est trop long.

Aussi, chez l'individu comme dans les masses, y a-t-il manque de lien et de tradition. Parmi beaucoup de haines, d'inquiétudes, d'élans, de frayeurs, peu d'idées certaines. Ici des ambitions agressives ; là, le désir de conserver porté jusqu'à la fureur. Au sein même des partis, les esprits flottent entre des idées et des faits de provenance opposée ; les autoritaires encombrent le camp de la liberté ; nombre de bonnes volontés sommeillent dans celui du privilége ; la vie individuelle est faite de compromis ; la vie sociale est encombrée d'édifices croulants, qu'on étaie bien moins par amour du passé que par crainte de l'avenir ; pour tout dogme, l'usage ; l'intérêt proclamé seul guide profitable par l'honnêteté elle-même, découragée ; en face du meurtre et du mensonge triomphans, la conscience forcée à des résignations fatales ; dans le monde de l'esprit, un chaos d'assertions tranchantes, de preuves contestables, de paradoxes éblouissants, de réputations défaites, de personnalités

11.

surfaites, de vérités en lambeaux ; point d'o-
rientation précise ; les dates d'hier oubliées ou
grattées ; les vieux instincts, sang de nos an-
cêtres, luttant en nous contre les aperceptions
nouvelles ; toutes choses remises en question ;
plus rien debout que des habitudes.

Nous avons une foi cependant, une foi nouvelle ; mais si peu connue, que beaucoup s'in-
quiètent de son absence, et, la heurtant à chaque pas, ne la voient point. On agit surtout
par instinct, par opinions fragmentées, sous
l'empire des idées flottantes dans l'atmosphère
du dix-neuvième siècle. On réclame justice en
la déniant à autrui ; chacun fait son effort en
vue de soi seul. La plupart des démocrates
sont les derniers à comprendre que tous les
droits sont solidaires et ont un berceau, un
principe commun.

Aussi, n'est-ce pas parmi eux que la femme

trouve ses adversaires les moins âpres.
Sur cette question, les révolutionnaires deviennent conservateurs, et en même temps que le dogme et les préjugés, l'illogisme donne. Ceux qu'on appelle plus particulièrement les républicains sont à ce sujet les plus farouches, et cela se comprend : les esprits attachés surtout à la forme sont nécessairement superficiels. Comme ils ne vont que tout près, et n'ont que peu d'horizon, ils ne savent guère non plus d'où ils viennent, quel principe les a créés. Ce sont des révoltés, non des rénovateurs. Le pouvoir les gêne, ils le combattent, voilà tout. Mais, bien plus compétiteurs qu'ennemis, s'ils l'assiègent, c'est pour s'en emparer, non pour le détruire. Le républicain proprement dit n'est point encore sorti du monde monarchique. Il a foi en la force, aux coups de main, en la dictature. Il s'indigne d'obéir, non de comman-

der. Il ne sait pas étendre aux autres son propre orgueil. L'amour et la justice manquent à sa foi.

Ces prétendus amants de la liberté, s'ils ne peuvent tous avoir part à la direction de l'État, au moins leur faut-il un petit royaume à leur usage personnel, chacun chez soi. Quand on a mis en poudre le droit divin, c'était pour que chaque mâle (style proudhonien) en pût avoir une parcelle. L'ordre dans la famille leur paraît impossible sans hiérarchie. — Eh bien, donc, et dans l'Etat ?

— Les socialistes eux-mêmes, quoique plus profonds, et plus conséquents avec les principes révolutionnaires, se divisent sur la question de la femme.

Elle est si instante cette question, si arrivée à son heure, qu'elle s'imposa la première aux débats des réunions publiques et fût discutée avec acharnement pendant plus de trois mois dans ses considérations générales, en dépit du programme qui la limitait au travail.

C'est là que se produisit une étrange théorie, en opposition du droit individuel, invoqué par les partisans du droit complet de la femme — comme de tout être humain — à la liberté, à l'égalité.

On dit — Non, l'unité sociale, ce n'est pas l'individu, c'est la famille, ainsi hiérarchisée : père, mère, enfant. — Et les raisons de cet étrange dogme d'une trinité nouvelle, non moins dogmatique et mystique que l'ancienne, on les trouva, comme toujours, dans la nature *particulière* de la femme, et dans la nécessité de *l'ordre* au sein de la famille.

Et comme toujours, chaque orateur présenta son Ève, pétrie de sa propre main, mais toujours tirée de la côte d'Adam, tendre et faible, chef-d'œuvre de grâce et d'inconsistance, su-

blime, et pourtant dépourvue de sens moral,
et de sens commun ! Et couverte de fleurs,
on la jeta, non-seulement hors de la République,
mais hors du travail ; car la femme, cet être
délicat et charmant, née pour le plaisir de
l'homme, ne doit ni s'endurcir, ni s'émanciper
par le labeur. On oublia de prouver qu'elle
pouvait se nourrir d'amour et de rosée. Il est
vrai que l'homme fut chargé de sa subsistance.
Mais quoi, s'il ne s'en charge pas ? Ce point
ne fut pas touché. Trop noble était cette rhétorique pour parler du nombre effrayant et
toujours croissant des enfants abandonnés,
des filles délaissées, des prostituées et des
courtisanes, des ouvrières exténuées par l'excès
du travail et de la misère ; non plus que des
mères de famille, battues, exploitées et volées
par leurs maris ; non plus que de ce trafic des
dots, dans le mariage, qui fait pendant à l'ex-

ploitation des filles pauvres dans l'union libre.

La littérature a ses exigences : En face de la tendre et faible créature que vous savez, devait nécessairement apparaître l'homme fort et chevaleresque. Il faut de l'antithèse à tout prix.

Redisons-le bien haut : le désir de maintenir la suprématie de l'homme sur la femme a pu, tout dernièrement, en notre siècle, pousser des *démocrates* à ces conclusions : que le travail industriel devait être interdit aux femmes ; qu'elles devaient être nourries par l'homme. Étrange système social, avouons-le, qui ferait de l'existence de la femme le devoir de l'homme, et donnerait la vie de celle-là pour enjeu de l'oubli du devoir chez celui-ci ! Ne serait ce pas constituer, au profit de chaque être masculin, une petite monarchie absolue qui dépasserait le beau droit de vie et de mort du chef de famille romain ? Car ici la sentence n'exige pas même le moindre délit, ni l'embarras d'un mouvement de colère ; il suffit de ne pas vouloir ; il suffit de l'égoïsme — à ce qu'il semble, peu pressé de disparaître.

On n'y a pas songé ; mais un tel système exige une sanction. Il faut de toute nécessité pour le compléter une loi qui décrète pour tout homme, à tel âge, le mariage ou la mort. Car enfin, puisque mort doit s'en suivre, n'est-il pas plus juste que ce soit celle du célibataire coupable ? Seulement, qui nourrira la délaissée ? On verrait forcément s'allumer en France les bûchers du Malabar. Les filles bossues ou épileptiques seraient nourries par l'Etat ?

En comparaison de ces théories, le code devient presque un monument de liberté et d'égalité.

Qui jugera dans cent ans l'époque actuelle par ses allégations sur, contre, et même pour la femme, émettra un jugement sévère. Sur aucune question, en effet, les livres, les systèmes, les discours, les mots, ne portent aussi bien l'empreinte de ce dévergondage des idées, qui répond au désordre des mœurs. Là, sans foi, sans étude, en dehors même de toute école et de tout parti, comme de toute logique, chacun exprime ses intérêts ou ses préjugés. Là, plus qu'ailleurs, les esprits flottent au hasard, et cherchent à tout bâcler par des compromis. Il n'y a plus à cet égard ni démocrates, ni conservateurs ; il n'y a que des vanités, à côté de quelques consciences.

D'ailleurs, ces appétits et ces vanités, également exaltés par la passion, ne se trompent pas. C'est bien de la plus grande et de la plus radicale des réformes qu'il s'agit : lois, mœurs, caractères. La femme, égale de l'homme dans la société, c'est la prostitution à jamais détruite. C'est l'amour purifié par la liberté, par la force même des choses. C'est la morale passant du droit dans le fait ; en même temps que la dernière et la plus forte racine monarchique arrachée, et la démocratie à jamais fondée sur la seule assise solide qu'elle puisse occuper : les mœurs.

En effet, comment la liberté pourrait-elle régner dans l'Etat, tant que le despotisme régnera dans la famille ? Pense-t-on pouvoir commander à l'âme humaine des volte-face de sentiments, comme on commande la charge en douze temps à un voltigeur ? Croit-on que le sein maternel ne soit pour l'enfant qu'une hôtellerie ? Qu'une nourriture purement matérielle ? Admettons-nous encore la séparation radicale, et fantastique, du corps et de l'âme? Ou, avec le code hindou, que la femme ne soit que le champ où le grain germe ? On parle sans cesse de la nature, et l'on semble ne pas voir que tout se pénètre, que rien ne s'isole, que ces divisions arbitraires, ces violents contrastes, ces inconséquences absurdes n'existent que dans notre esprit.

Non, la femme n'est pas une chose, un pur réceptacle. Elle pétrit son enfant de ses sentiments et de ses idées comme de sa chair ; esclave, elle ne peut créer que des esclaves, et, suivant ce qu'elle est et l'éducation qu'elle a reçue, son lait recèle des germes morbides, ou d'héroïques ferments.

D'autre part, qu'est-ce qu'un despote, sinon une autre forme de l'esclave ? Fera-t-on de la liberté avec des maîtres mieux qu'avec des sujets? Mettez cela ensemble ou séparément sous un pilon, vous n'en retirerez jamais, en proportions à peu près égales, que brutalité, platitude, violence, injustice, lâcheté. La démocratie croit exister : elle n'est qu'à l'état de rêve dans le vieux corps monarchique où elle gît encore, et par le cerveau duquel elle pense. Elle n'a point d'organisme qui lui soit propre, ni même de langage. Elle attend la matrice qui doit la former, la mère libre qui l'enfantera.

Plus tard, on les contemplera comme des monuments d'illogisme, ces *démocrates* qui, au lendemain de la déclaration fameuse, *Credo,* explicitement incomplet sans doute, mais complet en puissance, de l'ordre nouveau :

« Les hommes naissent libres et égaux en droits. »

« Le but de toute association politique est

la conservation des droits naturels et impres-
criptibles de l'homme. »

Prétendent sacrifier à une conception dogmatique la moitié de l'humanité, absorber la
femme dans la famille, et bâtir une fiction
de plus sur ce prétexte usé de tous les des-
potismes : l'ordre.

Quatre-vingts ans se sont écoulés depuis
l'inauguration du droit humain — et c'est
encore une nouveauté presque bizarre que de
revendiquer la justice pour la femme, courbée
depuis le commencement du monde sous un
double joug, dans l'esclavage doublement esclave, esclave toujours au sein de la famille
libre, et maintenant encore, dans nos civilisa-
tions, privée de toute initiative, de tout essor,
livrée, soit aux dépravations de l'oisiveté, soit à
celles de la misère, et partout et toujours
soumise aux effets démoralisants du honteux

mélange de la dépendance et de l'amour.

Et voici le spectacle que donne la démocratie :

Elle proclame la liberté nécessaire à la dignité et à la moralité de l'être humain ; elle en attend le développement de tous les sentiments généreux, la prospérité, le bonheur du monde, et sa grandeur des floraisons sublimes.

— Mais, s'agit-il de la femme, la liberté devient aussitôt un objet de soupçon et de terreur. Elle serait incompatible avec l'exercice du devoir.

La démocratie voit dans la science la rédemption de l'humanité, la lumière qui assainit et féconde les bas-fonds de la superstition et de l'ignorance, le champ sans limites, où toutes les intelligences doivent se rencontrer et s'unir.

— Mais elle juge prudent de n'instruire la

femme qu'avec réserve. La science pour la femme serait un poison.

La démocratie croit à l'association comme à l'antidote naturel de la concurrence et de la hiérarchie. Elle croit par conséquent à l'accord des intérêts, à l'unité de vues, au libre groupement par l'affinité, par l'amour. Sans la possibilité de l'association, en effet, c'est-à-dire de l'entente et de la paix entre égaux, la démocratie est une folle prétention, un rêve, et le monde n'a plus qu'à se réfugier dans la monarchie, sous l'égide des sauveurs de la société.

— Cependant, les démocrates ne voient dans le mariage d'autre garantie d'ordre et de paix que l'obéissance. Ils s'écrient : il faut bien un chef, une direction; qui décidera ?

Ils admettent l'association entre coffre-forts; c'est une habitude sociale; mais au foyer, où les plus puissants intérêts moraux et matériels la commandent, où l'amour la fonde, c'est une chimère.

C'est leur conviction que la liberté donnée à la femme, en ferait infailliblement un monstre d'égoïsme et d'impudeur.

Que sans le code, la famille n'existerait plus ; que l'amour, la confiance, la dignité, n'ont rien de pratique.

Mais quelle est donc la foi qui les distingue, ces démocrates prétendus, de ceux qui nient les grandeurs de la liberté, et calomnient la nature humaine ?

Ne pourraient-ils laisser à leurs adversaires le soin de prétendre que les grandes vérités sur lesquelles notre présent et notre avenir se fondent sont de vains mots, bons seulement pour la harangue et pour la bataille ? Mais qu'en fait de réalités, il en faut revenir toujours au vieux système de l'ordre par la compression et par la hiérarchie.

L'ordre, ce prétexte éternel, qu'est-ce donc enfin?

— La paix ?...

— Mais jusqu'ici toute l'histoire de l'humanité : luttes, révoltes, guerres, massacres, exactions, viols, misères, semble celle d'un malade en proie au délire et aux convulsions de la fièvre chaude. C'est en même temps l'histoire du système de l'ordre par la compression.

Et c'est après des milliers de siècles d'une telle expérience qu'on vient encore alléguer l'ordre pour justifier la compression ! Et dans le parti démocratique même, on n'a pas compris suffisamment que ces deux mots : *ordre* et *compression* sont deux idées qui s'excluent, deux ennemis nés, qui hurlent de l'étrange association qu'on leur impose !

L'ordre, que l'esprit du passé élevait à l'importance d'une cause, ou d'une loi divine, au point de vue démocratique, n'est qu'un effet. Dans la conception du passé, l'ordre c'est l'immobilité. En démocratie, il résulte, au contraire, du mouvement, et du libre jeu des forces. Il est l'harmonie du droit et du devoir.

Invoquer l'ordre comme argument pour légitimer la compression, la violation d'un droit, l'étouffement d'une volonté, c'est parler le langage de tous les révélateurs, de Manou à Jœ Smith. C'est légitimer le pouvoir de César-Auguste, la sainte Église, la sainte Inquisition, et la saint Barthélemy, avec les massacres de l'Abbaye. C'est embaumer ce cadavre du vieux monde qui pèse si cruellement sur le nouveau ; puisque c'est au nom de l'ordre que s'impose encore la tyrannie. Ce fut au nom de l'ordre aussi qu'un législateur éperonné discuta en

France, au xix⁰ siècle, l'utilité de la polygamie, ravit à la femme toute dignité, à la mère tout droit, et punit l'enfant illégitime de la faute du père. L'ordre dans sa vieille signification, n'a jamais été que le silence des opprimés, c'est à dire l'hypocrisie du désordre. L'ordre véritable, c'est le monde que nous cherchons. Il est dans la réalisation complète des trois grands termes : liberté, égalité, fraternité, et non dans les voies du despotisme.

» Tous les *hommes* naissent libres et égaux en droits. »

Chaque époque a ses clartés et ses ténèbres. Celle-ci fut un orage, et l'éclair incomplet n'embrassa pas tout le ciel.

Qui pourrait nier cependant que de cette époque le droit n'ait une base nouvelle et que tout l'ordre social ne soit en principe renouvelé? Remplacez le mot : *hommes* par : *êtres humains* ; l'esprit est le même et l'équivoque cesse. Qui chercherait d'ailleurs une exclusion dans cette pensée, large comme l'humanité même, ne comprendrait rien à l'élan qui la formula.

Puis enfin, qu'importe cette lacune, ou plutôt ce voile, qui laissa obscure une partie de la vérité? Le droit, qui est éternel, ne dépend pas du plus ou moins de clairvoyance d'une époque, si grande qu'elle soit.

Ce qui importe, c'est que le fait incontestable dont nous vivons à cette heure; le principe d'où tout découle désormais, autour duquel tout ce qui doit vivre s'enlace et dont s'éloigne tout ce qui meurt, c'est le droit individuel. Incarné désormais dans l'esprit humain, ce principe est devenu comme une loi naturelle sociale qui forcément, soit par les semblables, soit par les contraires, mystérieusement, ou au grand jour, accomplit son évolution, et la poursuivra jusqu'à sa complète réalisation dans l'égalité. Sa marche, à la fois audacieuse et sourde, est irrégulière: il va de l'idée entière au fait incomplet, frayant son chemin à travers d'interminables décombres; il s'élance d'un bond jusqu'au suffrage universel et retombe; mais il tient l'ignorance à la gorge et ne la lâchera pas. En quoi consiste-t-il? Dans la conquête? ou dans la naissance, comme autrefois? Dans les immunités achetées, ou rachetées, par deniers comptant? Dans le génie? Dans l'éducation? Dans une capacité quelconque? — Non, rien de cela : dans l'être lui-même; dans la force irréductible d'une volonté consciente, qui ne reconnaît, dans son domaine, aucun suzerain; qui, dans l'ordre moral, hors ce qui touche au droit d'autrui, n'a de compte à rendre qu'à elle-même; qui

13

dans l'ordre intellectuel n'a pas de juge, car elle en peut appeler toujours ; car une opinion en face d'une opinion sont entr'elles comme deux unités de même ordre, comme un est à un.

Ainsi le droit ne résulte plus que de l'existence. L'être humain, l'individu, est devenu l'unité de mesure d'une mathématique nouvelle, d'un ordre nouveau. Par là, tout est retourné subitement, de la base au faite, et la *Révolution* partage l'histoire en deux ères, dont la seconde est d'hier. Il ne s'agit plus de chartes octroyées d'en haut, soit par la divinité elle-même, soit par ses oints. La réalité vivante et palpable, sous forme humaine, remplace les conceptions arbitraires ; l'étude remplace la révélation ; l'ordre social n'est plus que l'harmonie des droits individuels ; tous les rapports changent.

La société d'autrefois était faite sur le modèle — il en fallut toujours — d'un organisme
vivant : une tête, un corps, des bras et des
pieds [4].

Le Brahmanisme fut l'expression la plus
accusée de cette conception, qui se retrouve
plus ou moins dans tous les autres systèmes.
Le fameux apologue de Menenius Agrippa
(qu'on enseigne encore dans nos écoles) montre que cet idéal était celui de la République
romaine. Il n'y en avait pas d'autre alors. Les
instincts naturels du peuple, alors comme
aujourd'hui, posaient la question sociale; mais
l'ignorance du vrai droit ne trouva rien à
répondre à Menenius, et mal convaincu, mais

4. L'homme a toujours fait toutes choses à son image,
la société comme Dieu. Seulement, ici, une erreur de plan
gâte tout ; comme il cherchait l'unité en dehors de
l'être, le grand en dehors du simple, il aboutit au monstrueux et à la chimère.

réduit au silence, le peuple descendit de l'Aventin. Il ne sut pas alléguer que chaque être humain, étant un organisme complet, qui se suffit à lui-même, ne peut consentir à jouer le rôle de simple rouage dans un organisme monstrueux ; que la société n'est pas un édifice à bâtir, suivant telles ou telles lois d'équilibre, mais un ensemble de forces associées.

Dans tout le passé jusqu'en 89, on chercherait vainement la révélation du droit humain. On y trouve l'inspiration de la liberté, nulle part sa formule dans l'égalité du droit. Toujours l'impulsion est donnée de haut en bas. Partout des temples, d'où la révélation descend, des trônes pour le commandement immédiat, ou, à défaut du trône, l'aristocratie ; à défaut de l'aristocratie, l'oligarchie ; partout enfin, comme nécessité sociale, plus ou moins étendue, l'esclavage, l'esclavage qu'au XVIIIe siècle, Rousseau présente encore, naïvement, comme la condition *peut-être nécessaire* de la liberté du citoyen.

Dans cette construction, toute hiérarchique — en dépit des formes et des noms — l'inégalité des conditions étant regardée comme nécessaire à l'ordre, l'homme n'était qu'un rouage plus ou moins important de la machine, l'être était inférieur à la société, comme la partie au tout. Cela semblait mathématique ; seulement, cette mathématique oubliait la vie. La vie ne réside pas dans la société, mais dans l'être seul, dans l'individu qui sent, pense et veut, dont les impressions s'exaltent, ou se corrigent, au contact de celles des autres ; mais n'ont lieu qu'en lui-même, et ne peuvent exister ailleurs.

On n'a pas encore suffisamment compris la

13.

folie de ces conceptions formées en dehors du moi, lieu unique de la vie humaine, et l'inanité d'un idéal qui s'accomplit ailleurs que dans l'être. Les avantages d'un plan qui lèse l'individu ne pouvant être savourés par ce plan lui-même, sont évidemment faux de toute vanité.

Pourtant, depuis que le monde se connaît, on a toujours sacrifié des êtres humains à l'idée de l'ordre. Et non pas quelques-uns au plus grand nombre (ce qui serait toujours faux et injuste, mais plus spécieux) mais le très-grand nombre à quelques-uns. On explique généralement ce fait en histoire par le machia-vélisme des privilégiés; mais c'est un ressort trop mesquin pour un effet universel et si durable. Sans une conception générale com-mune, ce petit calcul eût été renversé trop facilement, par une simple addition qu'eût faite la multitude. Cette conception, commune aux privilégiés et aux exploités, était l'apologue des membres et de l'estomac, la persuasion que pour diriger le grand corps social, il fallait une tête.

Comment en douter, quand cette conception règne encore généralement parmi nous?

Oui, heureusement, il y a beaucoup moins de lâcheté que d'erreur dans les abdications humaines. Dans tous les temps, l'humanité s'est immolée à son idéal, si vain qu'il fût; elle a mis de l'héroïsme dans sa duperie.

Mais, à présent que le droit humain a été compris, que les deux systèmes, l'un naissant, l'autre expirant, se rencontrent dans une lutte suprême, il faut bien s'entendre sur ce qui appartient à l'un ou à l'autre, et séparer les deux camps.

Lorsqu'on s'oppose à la revendication pour la femme, la liberté et de l'égalité, lorsqu'on

ment formuler une constitution de la famille,
dont le premier article est l'assujettissement de
la femme, et sa dépendance matérielle, il faut
s'avouer du moins que l'on vit encore de l'esprit
du passé, qu'on se fait le champion de l'ordre
ancien, contre les principes de l'ordre nouveau.

Si l'être humain est libre par le seul
fait de son existence; si la conscience est in-
violable; s'il n'existe point de juridiction pour
la pensée; et si la justice enfin ne se réalise
que dans l'être vivant et conscient, quelle raison alléguer pour exclure la femme du droit
inhérent à tout individu de l'espèce humaine?
L'utilité? — Elle n'a point de droit contre le
droit. Contre le droit, elle n'a pas même d'existence. L'utilité, dans l'ordre ancien, fut une
mystification énorme; ce n'est autre chose que
l'arbitraire, et nous retombons dans ce non sens

qui sacrifie l'individu à la société, l'être à l'abstraction. L'utilité, dans l'ordre véritable, se confond avec la justice, qui a pour mesure l'être individuel.

Une infériorité physique? — Mais le contrat social a pour but de remplacer le droit du plus fort par le droit commun.

Une infériorité morale? — Mais il n'y a pas de moralité sans liberté, sans responsabilité.

Une infériorité intellectuelle? — Sans répéter tout ce qui a déjà été dit sur ce point même — de ce que la femme serait moins intelligente, s'ensuivrait-il qu'elle dût-être privée de son droit? En a-t-elle moins — au degré qu'il vous plaira — pensée, conscience, volonté, en un mot ce qui constitue l'égalité de nature, partant l'égalité de droit. Est-ce un diplôme de capacité doctorale qu'on délivre à chaque électeur? Non, une simple carte portant le nom d'une personne humaine. Et cela est ainsi parce qu'il est impossible de faire autrement. A-t-on jamais dans aucun temps essayé d'attacher le droit de vote à un brevet de capacité intellectuelle? Qui donc l'oserait signer? On obtient des certificats d'étude sur des faits spéciaux, sur des connaissances précises; mais où est l'être humain qui peut dire à son semblable : je connais tes limites; je te contiens, je te dépasse et je te juge; je suis ton Dieu — Et quand sa présomption l'oserait dire, la simple récusation du jugé ne suffit-elle pas pour rétablir entre eux l'égalité? Négation contre affirmation, la balance est faite.

Pour fonder le droit sur la capacité, il faudrait faire simplement ceci : déterminer le degré exact d'intensité de chaque intelligence, féminine ou autre, et la limite précise où chacune s'arrête.

Supposons même ce travail fait, — l'intelligence humaine étant progressive et modifiant ses données au contact des événements, il faudrait refaire ce travail chaque jour, à chaque heure... — Tout cela est impossible n'est-ce pas? Oui; et c'est dommage; car, en vertu de ce principe que plus de capacité confère plus de droit, nos démocrates conséquents, dont le principal argument contre la liberté de la femme, est tiré de l'hypothèse de son infériorité intellectuelle, se verraient forcés de rebrousser jusqu'à la plus pure aristocratie, puis, jusqu'à la monarchie, enfin, jusqu'à la papauté du plus fort cerveau — jusqu'à ce passé en un mot, dont l'esprit les anime encore et leur souffle ces incohérences.

En somme, ou le principe sur lequel se fonde — bien lentement — la société moderne, est faux, ou la femme aussi bien que l'homme, possède le droit *naturel et imprescriptible* restitué par la Révolution à l'humanité. En elle, comme en lui, l'unité de nature et la diversité de manifestation réclament leur double droit d'égalité et de liberté. Il faut revenir au vieil idéal d'une société construite sur un plan arbitraire, déclaré divin par ses auteurs, plan qui sacrifie l'être à une idée préconçue[1], ou bien il faut prendre pour base du droit, et de toute combinaison sociale, l'unité humaine, mesure irréductible, formule vivante, à la fois précise et progressive, du vrai et de la justice.

1. C'est-à-dire refaire une société religieuse ou aristocratique ; mais avec quoi ? Pour fonder quelque chose dans l'humanité, il faut une croyance ou un principe.

VI

ÉTAT

ACTUEL DE LA QUESTION

VI

ETAT ACTUEL DE LA QUESTION

Il y a des époques d'éclosion pour l'humanité comme pour la terre. Voici, partout à la fois, la question du droit de la femme posée au premier rang des questions sociales. Aux État-Unis plus qu'ailleurs, les femmes ont avancé leur conquête. Elles réclament avc une vigueur et une résolution rares. *The Revolution,* leur organe, qui se distingue entre tous les

journaux américains par le mérite de sa ré-
daction, arbore comme devise ces fières paroles :

« Pas de politique, les principes ; pas de
faveur, la justice ; aux hommes leurs droits, et
rien de plus ; aux femmes leurs droits, et rien
de moins. »

Aux États-Unis, quoiqu'en disent leurs pané-
gyristes, la question est la même qu'en France.
Là, comme ailleurs, la femme est subordonnée ; là, comme ailleurs, sa position sociale dépend du mariage, ce qui rend le mariage immo-
ral ; là, comme ailleurs, l'insuffisance du salaire
la livre forcément à la débauche. Là, comme ailleurs, comme par toute l'humanité à cette heure,
la femme, objet et non sujet, serve par les lois et
les mœurs, est l'occasion et la victime — dans
ces temps de transition entre la foi morte et

la foi nouvelle — d'une recrudescence d'immoralité.

Tout ceci résulte des affirmations des Américains eux-mêmes dans leurs journaux. Sur tous les points du littoral, ou du centre, où régne ce que nous appelons la civilisation, les mêmes principes moraux et économiques produisent les mêmes effets; New-York même à cet égard dépasse Paris.

Cependant, toute la part de liberté qui peut exister en dehors de l'égalité, les États-Unis la possèdent, et les femmes Américaines en profitent. Joignant à l'influence de la presse l'influence de la parole, elles vont dans tous les États et dans toutes les villes de l'Union, répandre les principes de *l'Association des droits égaux* « equal right's association » et faire appel à l'opinion publique, souveraine maîtresse de tous les progrès.

14.

Le succès appartient à l'énergie. Les femmes des Etats-Unis ont puissamment avancé leur œuvre. Deux législatures, celle du Kansas et du Wisconsin ont voté le suffrage des femmes; mais comme tout changement à la constitution doit être ratifié par le peuple, le nombre des votes populaires, quoique considérable, ne s'est pas trouvé suffisant. A Washington, la part la plus notable de la législature fédérale est favorable à l'extension du suffrage aux personnes des deux sexes, et dans tous les États de l'Union la cause des femmes est soutenue par une imposante minorité.

En Angleterre, on sait que soixante-seize membres du Parlement ont voté la proposition de Stuart Mill tendant à reconnaitre aux femmes le droit de suffrage; on sait que cinq mille femmes ont répondu à la généreuse initiative du philosophe en réclamant leur inscription sur les listes électorales ; que cette cause a pour champion éloquent, entre plusieurs autres, miss Lydia Becker, et que des sociétés se sont formées et des journaux fondés pour soutenir un droit, qui chaque jour gagne du terrain dans l'opinion.

L'Allemagne est en marche par une autre voie, vers le même but. L'éducation morale, intellectuelle et professionnelle des femmes y est l'objet d'un mouvement général, qu'attestent des institutions nombreuses, qu'encouragent deux feuilles spéciales, et des congrès, où se rencontrent les femmes et les hommes les plus distingués de la patrie germanique.

L'Italie, elle aussi, a porté devant son parlement la question des droits méconnus d'une moitié de son peuple; et possède aussi un journal des femmes, la *Donna*, rédigé par mesdemoiselles Beccari, Mozzoni et plusieurs autres rédactrices.

En Portugal, une femme distinguée, Fernanda d'Assis, mariée à un Anglais, M. Wood, a fondé : *La Voix féminine « Voz féminina »*

La Suisse, asile international du congrès de la Paix et de la liberté, a vu dans la session de l'année dernière, à Berne, le droit égal de la femme affirmé par l'élite de la démocratie européenne, unie sur ce point, en dépit des dissentiments qui sur d'autres l'ont divisée. En conséquence de cette décision, une place a été faite dans le comité central à madame Marie Goegg — qui venait de soutenir la cause au congrès dans un discours fort applaudi.

En Russie, sur le sol mouvant de l'arbitraire le plus complet, il est difficile de fonder. Toutefois, un groupe nombreux de dames de Saint-

Pétersbourg vient d'établir une université, où les femmes pourront s'adonner aux hautes études. Dans ce pays, du moins, l'énergie des caractères et des convictions correspond à l'excès du despotisme et répond de l'avenir. Le démocrate russe est conséquent; l'égalité de la femme se confond à ses yeux avec celle de l'homme.

La Suède, enfin s'agite aussi pour la même cause, et les Suédoises, dit-on, réclament le droit de vote.

La France — il faut bien l'avouer — sur cette question comme sur d'autres, la France qui donna l'élan, sommeille. Tandis que partout ailleurs (sauf en Allemagne) les femmes qui sentent le besoin de se relever elles-mêmes d'un trop long abaissement, réclament le droit de vote, comme l'instrument d'action le plus naturel et le plus simple, et qui, du premier coup, remet leur cause en leurs propres mains, la France conserve sur ce point un préjugé d'autant plus obstiné qu'il est moins justifiable. Dans tous les rangs, parmi toutes les classes, l'idée du droit politique reconnu à la femme, choque presque unanimement tous les esprits. Pourquoi? — On vous répondra que ce serait une inconvenance et certes il n'y a rien de plus fort. Un argument serait moins concluant, étant discutable; mais une *convenance!* Cela reste cantonné au fond de l'appréciation intime, dans une tranquille et irresponsable majesté. On peut insinuer à son adversaire qu'il n'a pas le sens commun. Lui déclarer qu'il n'a pas le sentiment des convenances, qui l'oserait?

Il est certain qu'entre tous les arguments émis contre le droit des femmes, aucun n'a jamais eu si triomphant effet que celui qui les représente en robe d'avocat ou de juge. Devant ce polichinelle, j'ai vu les plus braves défenses s'évanouir. Aucun véritable ridicule pourtant ne peut s'attacher pour la femme plus que pour l'homme à l'exercice d'une profession utile, et ce ne sera sans doute pas le moindre bienfait de la participation des femmes à la vie sociale que d'aider à distinguer les professions parasites, ou immorales, que la société doit élaguer.

A des préjugés de ce genre, qui sont l'habitude des esprits irréfléchis, il n'y a d'autre remède que la production d'actes contraires. Le fait seul, aux yeux du vulgaire, corrige le fait. C'est une homeopathie. En effet, contre l'habitude qui n'admet pas le raisonnement, que faire? Attaquer cette habitude, l'émousser, l'ébranler, la rompre, et finalement la remplacer par une autre. Mais pour l'attaque, deux choses sont nécessaires : être en nombre, et vouloir.

Il existe actuellement, hommes ou femmes, beaucoup de personnes d'esprit réfléchi, ou de sens droit, qui reconnaissent l'égalité des sexes et croient fermement à sa réalisation dans un avenir plus ou moins proche ; mais qui n'en continuent pas moins à se conformer à l'ordre de choses, bâclé sur les ruines de la Révolution par le soldat qui restaura l'ordre ancien. Ainsi, non-seulement, ils se marient sous la loi de protection et d'obéissance ; mais, ils observent soigneusement les usages qui limitent de toutes parts les pas et l'action de la femme ; toutes leurs réserves ne sont que mentales. Ils suivent avec intérêt les progrès de l'émancipation féminine dans les pays étrangers ; ils en épanchent hautement — à huis-clos — leur contentement et leur enthousiasme. Mais si le mouvement se rapproche, si, près d'eux, des amis de la même cause essaient de lui faire franchir le pas immense, nécessaire, de la pensée à l'action, alors, de virtuoses, voilà nos gens devenus simples amateurs ou critiques : le moment n'est pas venu ; une autre marche serait préférable, etc... Ce sont bien pourtant leurs convictions qui s'affirment ; ils n'ont sur le fond des choses rien à objecter ; ils vous encouragent même... de leurs vœux. Et voilà tout. Car ils sont enlacés de ces liens lilliputiens qui anéantissent tant de forces et que seul brise, sans les sentir même, un sentiment élevé du devoir.

Parmi les femmes surtout — c'est une loi inévitable que l'esclave n'ait pas les forces de la liberté. Lorsqu'il ne va pas jusqu'à défendre sa chaîne, du moins garde-t-il longtemps pour elle un respect superstitieux. — Parmi les femmes surtout si fortement imprégnées par l'éducation de la crainte du ridicule et du respect des fausses convenances, pendant longtemps le nombre sera grand de celles qui désirant parler se tairont, dont le premier élan réprimé s'exhalera dans un soupir de regret et d'impuissance, qui appuieront de vœux stériles et de sympathies honteuses, d'elles-mêmes, une cause si morale, si grande, si urgente, si peu effectivement soutenue, et qui plus que toute autre sera écartée, jusqu'à ce qu'elle s'impose à la fois par le nombre et par l'énergie de ses partisans.

Mais comment n'en serait-il pas ainsi de la multitude, sous la double pression du pouvoir de l'usage, et du pouvoir domestique, lorsque parmi celles mêmes qui font profession de penser librement, qui ont rompu avec les vieux dogmes et se vantent d'aimer tout progrès, la plupart restent froides, ou du moins silencieuses, à l'appel d'une cause qui est la leur, et qui les

obligé d'autant plus que, plus heureuses, elles
sont affranchies du joug d'ignorance, de misère et de honte, sous lequel gémissent et
rampent leurs malheureuses sœurs ; quand
celles-là aussi s'arrêtent au pas décisif qui sépare la pensée de l'acte, s'estiment trop bien
nées pour se compromettre publiquement avec
l'idée, et se croient obligées encore à respecter des usages qui, tandis qu'ils imposent aux
femmes de se montrer demi-nues dans un sa-
lon, leur interdisent d'aventurer leur nom sur
le terrain de l'honneur, du droit et de la justice.

Les Anglaises elles-mêmes, cependant, viennent d'abdiquer au sujet de leur droit, toute
pruderie. Sera-ce en faveur des Françaises ?

Le droit est bien bas, le zèle bien abattu,
la foi bien confuse ; mais un réveil pourtant
se produit, et la lutte enfin recommence entre

le fait et le droit, entre les formules de l'ordre ancien et l'esprit de l'ère nouvelle. Il faudrait savoir d'où l'on vient et où l'on va ; car toute confusion est fatale dans la bataille. L'indépendance religieuse, morale et économique de la femme est, qu'on le voie ou non, le nœud d'une situation, dont le mot actuel est liberté. Par cette profonde question des mœurs, le sort de la femme contient la naissance, la vie — souvent la mort — de l'être humain. Jamais la semence donna-t-elle un fruit différent de sa propre espèce ? Jamais non plus le despotisme demeuré dans la famille ne permettra la liberté dans l'Etat. Jamais, au sein d'une société à base hiérarchique, l'égalité, c'est-à-dire la justice, ne cessera d'être immolée. Quand on a sucé dès sa naissance, le lait appauvri d'un être courbé sous un joug, et dégradé par l'abdication de ses facultés les plus nobles, on peut facilement devenir impatient de toute règle, qu'elle s'appelle devoir ou tyrannie ; on peut être ambitieux, révolté, chef de parti, chef de bande, ou chef d'Etat ; on arrive difficilement au simple orgueil de l'homme libre, qui sent dans tout commandement une dégradation pour les autres et pour lui-même. On possède malaisément le sens de la justice, et l'on continuera plutôt pour sa part, capitaine ou soldat, la sanglante bataille des compétitions sans frein et sans mesure, qui font de l'histoire de l'ère précédente une histoire de guerres. — La Révolution française est la déclaration du droit humain. C'est donc renier la Révolution et remonter le courant qui nous guide à de nouvelles destinées que de disputer à la femme son indépendance, quand il est reconnu qu'en la liberté seule résident toute force, toute moralité ; quand l'homme lui-même poursuit avec ardeur les